Éloge de la fraternité universelle franco-japonaise

トリコロールと日の丸

「親日」フランスの謎を解く

竹下節子　じゃんぽ〜る西・画
Setsuko TAKESHITA　J.P.NISHI

秀和システム

à Amicia

はじめに

半世紀近く、日本とフランスのふたつの国を生きてきた。

戦後生まれで、「外国」とか「欧米」というものがほとんど「アメリカ」と重なってい た時代に育ったので、フランスで暮らし始めた時は、ファストフードもなく、常時開いて いる軽食店もなく、日曜はデパートまで閉まっている街並みに驚いた。

朝市には野菜や果物があふれていたけれど、食パンも、コーンフレークなどのシリアル も、サンドイッチも、バーガーもなかった。日本で私が親しんでいた「洋食」とはいった い何だったんだろう、と思った。町に「英語」の気配はほとんどなかった。クリスマスに サンタクロースやトナカイの形をしたチョコレートやキャンディもなかった。

やがて、冷戦が終結して、グローバリゼーションという名のアメリカナイズが広まった。 「生の魚」など食べられないと言っていたフランス人が、アメリカでトレンドになったす しや刺身を口にするようになった。少なからぬ中華料理店が「日本料理」に転向した。ハンバーガーもシリアルも食パンも出回り、店は日曜日にも開き、英語のネーミングがあふれた。クリスマス商戦がさかんになり、「かわいい」商品が棚にあふれるようになった。

町のスーパーマーケットに日本やアジアの国の調味料や食材が並ぶようになり、翻訳された日本のマンガが、書店だけではなく公立図書館にまでずらりと並ぶようになった。子供たちのTシャツには、意味不明のカタカナやひらがながプリントされていた。アメリカ発の新自由主義に席巻された消費社会が拡大していく中で、「日本」が特別の存在感を放っていることが伝わってきた。

二一世紀に入り、増え続ける「商品」の渦に溺れているうちに、いつのまにか、富裕なはずの国で経済格差がひろがり、地球のここかしこで内戦や侵略が起こり、気がつくと、中露の軍事大国や「民主」独裁政権の国々がまるで地球の命運を握っているかのような不穏な時代になっていた。ヨーロッパとアメリカ、ヨーロッパとフランスの関係も変化を余儀なくされつつある。そんな中であらためて日本とフランスの立ち位置を眺めてみると、共に資源の少ない小国でありながら世界の中で文化的存在感を保ち続け、一六〇年に渡る交流の間、互いにリスペクトと憧れを抱き続けてきたという歴史が明確に見えてきた。

二度の世界大戦や冷戦のトラウマを経た後で覇権主義がエスカレートする世界でこの二

つの国が死守すべき独自な立ち位置には実は少なからぬ共通点があるのではないか。日本とフランスの間に、軍拡競争や情報戦とは別の地平にある文化や美学への深い共感に培われたパートナー・シップが存在するのだとしたら、先の見えない嵐のような世界で、内向きの愛国心に閉じこもることなく普遍的な人道理念に根差した「文化」を次の世代に伝えるという希望を共有できるのではないだろうか。

これまでにも、フランスの文化遺産としてのユマニスムに基づく普遍主義についてさまざまな側面を紹介し、分析してきた。この本は、半世紀に及ぶ自分の体験と試行錯誤を振り返りながら、世にも不思議な日本とフランスの相愛の秘密とその意味について語り、両者の関係から見えてくる「西洋世界」における日本の立ち位置についてあらたに探ろうとするものだ。

日本を見てフランスを知り、フランスを見て日本を知るという繰り返しの中で養われた生き方の指針が、互いの友情を育む一端になることを願ってやまない。

装丁／折原カズヒロ
カバー画・本文イラスト／じゃんぽ～る西

『トリコロールと日の丸　「親日」フランスの謎を解く』◆目次

第5章　フランス・バロックと能

第1章

日本とフランス、相愛の理由《わけ》

無視と視線——遠い日のカルチャーショック

フランスに住むようになって四九年目に入った。その間、フランスと日本の距離はずいぶん変わった。成田国際空港がまだできていず、直行便もなかった最初の滞在は夏時間がスタートした年で夜一〇時まで薄明るいことも非現実的な気がしたのを覚えている。はじめはフランス語を一年くらい勉強して次はイギリスにでも行って英語を、などと思っていたから、日本語の本は何も持って来ていなかった。結局三年以上もパリに留まることになり、日本語の本が読みたくて夢に見るほどになった。当時は、日本食品店の隅に僅かに週刊誌や雑誌の古本が置いてあるだけだった。それまで日本の小説などほとんど読まなかった私が、パリで暮らしている日本人から借りた司馬遼太郎の小説を貪《むさぼ》るようにして読んだのを覚えている。

それでもフランスは居心地がよかった。フランス人のアイデンティティはフランス語だと断言する人が多かった。言い換えると、フランス語さえ話せば仲間になれる。その頃は、観光客がパリで英語で道を聞いてもわざと無視されることがあったほどだ。実際、ギリシャ旅行をした時、フランス語のガイドと話していたら、フランス人観光客から「フランス人ですか？」と親しそうに聞かれたことがあり、「フランス人じゃないって、見れば分かるだろうに」と思ったことがある。メトロに乗っても誰からの視線も感じなかった。

三年後に日本に帰った時に、東京の地下鉄で車内に入ったとたんに、さっと視線を感じて驚いたことがある。そういえば、学生時代、晩秋で肌寒い時にコートを着て行ったら、駅で皆に見られているような気がして居心地の悪かったことを思い出した。フランスから一時帰国していた子供連れの女性がジーンズやスニーカー姿で歩いていると無言の非難の目を感じたという話も聞いた。同じ日本人なのにどうしてだろう、と思ったが、同じ日本人だからこそ「みなと同じ」ことを求められるのだ。九月に半そでブラウスで買い物に出かけようとした時、この季節にそれはおかしい、と母に注意されたことがある。誰かを訪問するわけでもないのに。夏でも平気で毛皮のコートを着ている人とタンクトップの人がすれ違っても、完全にスルーされるフランスとは別世界だった。

（それから日本にも外国人の数が増え、フランス人も英語を学ぶようになり、「グローバリゼーション」で世界はずいぶん均一化したかと思っていたけれど、コロナ禍のような「非常時」になると、「お国柄」が健在なことが露呈したのは記憶に新しい。）

「欧米」と「日本」の狭間で揺れた振り子

　フランスでの最初の新学期、モンパルナスにあるカトリック系の女子学生寮に入った。ほとんどは大学で初めて親元を離れた十代の女の子たちで、すでに博士課程にいた私には子供に見えた。でもその「子供」たちがみな、食事の時にワインの水割りを飲むのを見て驚いたことを覚えている。仲良くなったのはアメリカからの留学生で、ギターを持って私の部屋に来て、その頃流行っていたシャンソンの歌詞やコードを教えてくれた。ギターのコードは日本とアメリカでは同じなので楽だった。私はパリの音楽師範学校のギター科にいたが、フランスでのコードや調性の読み方が日本で習ったものと違うことで慣れるのに時間がかかったことを覚えている。

　アメリカ人の女子学生は自分のことをシュザンヌだと名乗った。英語ではスーザンなのだけれど、パリに来たからフランス語読みにしているのだと楽しそうに言うのだ。この世代のキリスト教文化圏の人の名はほぼ聖人の名から選ばれたもので、発音や綴りが違っても、流用する感覚があるのを知った。それでも、英語のウィリアムがフランス語のギヨームだったり、ステファンがエチエンヌだったり、すぐには見当がつかない名前もある。それを言うなら、イエスは英語ではジーザス、フランス語ではジェジュ、と日本人になじみがない。聖母のマリアはフランス語のマリーの方が、英語のメアリーよりもしっくりくる気がした。

その頃、世界で最も学ばれている「第二外国語」がフランス語だと言われていた。周りで出会うような英米人はみなフランス人が英語を話さないか話そうとしないことを心得ていて、フランス語を話し、フランス文化に同化しようとしているかのようだった。

確かに、多くのフランス人はフランスという蛸壺《たこつぼ》の中で暮らしているようだった。日本で観る「洋画」は、映画館では原語と字幕、テレビ放映の時は吹替、というのに慣れていたので、パリのほとんどの映画館の封切映画が吹替であることにも驚いた（ファストフード店と同じで、外国映画のオリジナル版は、「国際的？」なシャンゼリゼやカルチエラタンにしかなかったのだ。表意文字のないフランス語字幕は大衆にとってハードルが高いと後に気づいた）。

寮を出て、アパルトマンに暮らすようになると、「近所に住む日本人」と付き合うようになった。まだまだ外国への敷居の高い頃だったから、留学生以外でフランスに住み着いている人は、レストランで働いている人や免税店で働いている人、日本食品の店を経営している人たちなどで、「日本を捨てて」やってきた人も多いようだった。さまざまな地方出身でさまざまな経歴の人がいて、ある意味で、こちらの方が私にとってカルチャーショックだったかもしれない。当時はすぐに気づかなかったけれど、学歴や経歴の詐称は普通にあった。皆が旧家の出身で大学を出ていたというが、そのような経歴を必要とする仕事をしているわけではないから別の意味があったのだろう。いろいろな意味で日本に居づらくなってフランスにやってきた人たちもいたように思う。簡単に「里帰り」できるような時代でもなかった。

私が生まれて育ったのはずっと日本の「都会」の核家族で、両親や祖父母とも「長く地元に根付いた人」ではなかったし、私は私立の幼稚園の後はずっと国公立の学校にしか行かなかったこともあり、今思うと、狭い世間しか知らなかった。親や教師たちは「戦争を経験した世代」の人たちだったから、戦後の「復興」に対応するのに精いっぱいで、「外国」特に「欧米＝西洋」に対する昔敵国、今同盟国的な矛盾について自問しないような雰囲気があった。だから、私の知っている「欧米」やフランスの知識は、ほとんどが翻訳物から得たものだった。「敗戦」の劣等感などはない世代で「復興」の空気の中で育ったから、フランスに来て日本人として「構える」ようなことは一度もなかった。逆に、日本や日本人に対する距離が変わり、日本人としてのアイデンティティの幅が広がった。日本にいれば一生出会うことも話すこともなかったような様々な地方出身の様々な経歴の人たちはみな「フランス生活の先輩」だったからだ。

最初はその「先輩」たちから聞くフランスやフランス人批判も興味深かった。私の中でも、「欧米」と「日本」の振り子が何度も振れた。「欧米と言ってもたいしたことはない、日本の方がずっと優れている」と思う時と、「おお、やはり西洋文明の実力とはすごい」と思う時とが、交互に訪れるのだ。国民性の差よりも個人差の方が大きい、とか、国の差よりも世代の差の方が大きいなどといつも思ってはいたけれど、どんなに例外を並べ立てても、やはり全体としての国民性、メンタリティの違いというものは確実にある、とも何度も思い知らされた。自分の中で、フランス人とは何々である、という一般化への揺れと、その反対の方向への揺れも繰り返されたけれど、「真ん中」というのは確かに存在すると実感するようになった。それが、全く異なる日本人についての「先入観」の「真ん中」にあるものと微妙に似ていること、補完的であることも少しずつ分かってきたのだ。

フランス留学の理由

結局、人生の三分の二近くをフランスで過ごすことになった。学生の頃、「洋行帰り」の先生たちが「ぼくがフランスにいた頃は……」と話すのを聞いて、いつか自分も「留学」して、それが「昔」のことになってしまうのだなあと思ったことがある。インターネットはもちろん、一度往復できる切りのパスポートしかなく、円も変動相場制になったばかりの頃だった。英語やフランス語も習っていたけれど、「語学教師」以外のネイティヴと話したこともなかった。大学で英語の他に選んだ必修の第二外国語はドイツ語で、フランス語と中国語が第三外国語、ラテン語やギリシャ語、スペイン語、ペルシャ語やアラビア語もかじったけれど、脳内の「多様性」以上に広がる「外の世界」は非現実的だった。二年間の「留学」は一年をパリで、一年をロンドンで、と語学上達を考えていたからで、博士課程に進むまでは「海外旅行」もひかえていた。

結局それから三年間パリで過ごし、博士課程の全単位を修了するために日本に帰った後、四〇年以上を、フランスで暮らすことになった。日本のバブル好景気の時代には、親戚や知人が毎年のようにパリに来ては「ブランド品」を買っていくのにつきあったし、日本とフランスの距離はどんどん近づいていった。特に、日本のTVアニメが人気になってからは、マンガの翻訳など、日本発のサブカルチャーが席巻した。「日本食」についてはむしろアメリカの大都市部における「健康食」志向による「寿司」ブームを経由して少しずつ広まっていった。多くの中華レストランが看板をかけ替えて「日本レストラン」に鞍替えした。最初に「留学」を考えたころには全く予期していなかったフランスに今は住んでいる。そのフランスの変貌に比べれば、少なくとも外面的にはすでにアメリカナイズされていた日本の都会の方が変化が少ないようにすら思う。

私は戦後の「民主主義」教育の中で、アメリカのホームドラマを見ながら育ち、都市の核家族で犬を飼い、朝食はトーストかサンドイッチという家庭で育った。フランスは「フランス人形」という言葉があったけれど、プリンセスはディズニー映画のイメージだった。お稽古ごとのピアノはドイツ音楽が主で、バレエはロシアバレエだった。ビゼーの『カルメン』やドリーブの『コッペリア』は、スペインのイメージやホフマン物語のイメージだったので、「フランスもの」とは意識していなかった。

その後、マンガの『ベルサイユのばら』などが流行ったし、「フランス帰り」の先生たちの話を聞くようになったけれど、おフランスはおしゃれで軽くて気取っているという先入観があった。大学の教養学部も第二外国語をドイツ語とするクラスに入り、その後フランス語に転入した時も、フランス科の人たちはドイツ科と違って女子学生も多いし派手で華やかな感じがした。卒論がフランス語だったのには苦労した。大学院の入試の外国語もドイツ語とフランス語の二つで受けたが、どの外国語も読み書きはともかく聞き取りも話すのも苦手だったので、フランスに留学する前には朝日カルチャーセンターの英独仏の会話教室に通った。

アメリカに留学していた兄が中東の国に移って政変も経験したので、私は両親から「先進国の首都」にしか留学しないようにと言われていた。当時クラシックギターの大御所だった教師がパリの音楽師範学校にいて、ヨーロッパで一番レベルが高いと言われていたので、まずはパリに行くことにしたのだ。

日本人はいつも「特別枠」だった

フランスの「実存主義」や「構造主義」がもてはやされた時代は知っている。中学時代に「サルトルとボーヴォワール」がやってきて、「結婚しない自由で対等なカップル」としてもてはやされていたし、その後では、ミシェル・フーコー、ロラン・バルト、クロード・レヴィ＝ストロース、ジャック・ラカンらがもてはやされていた。その後には少し難解なドゥルーズやデリダなどの「ポスト構造主義」が来るのだけれど、すでに、「ポストモダン」とよばれる新しい流れの中心にフランスの思想家たちがいて、彼らがどことなく親日的なことは知っていた。特に日本を知りもしないのに日本をテーマの『表徴の帝国』を書いたバルトの『零度のエクリチュール』は大学のテキストになっていたがさっぱり理解できなかった。

ゴッホやモネなどのジャポニスムは昔から知っていたし、世界的にもてはやされた構造主義やポストモダンの旗手たちが、アメリカ志向ではなくて「日本」文化の中にアイデアを得ようとしていたことは分かっていた。そこにはそこはかとない「憧れ」があって、人種差別的「上から目線」がないことも感じていた。それでも、日本側の学者や学生がフランスに向ける憧れには「見上げる」かのような目線があった。自分たちを彼らのレベルに「上げる」ことで日本人一般や英語しか読めない日本の学者にマウントを取ろうというような気配があったと思う。後から思うと、フランス語で読めば分かりやすい文も、翻訳では耳慣れないカタカナ語が連発するなど、ペダントリー（衒学趣味）が芬々《ふんぷん》としていたと思う。

一方、フランス人（特に知識人枠や芸術家枠）側が隠さない無防備な親日的傾向は、私がフランスに暮らしてからもずっと変わらなかった（それが、日本のアニメやゲームやコミックによって明らかに拡大しエスカレートしていくのを目の当たりにするとは想像もしていなかったけれど）。日本から見ると「欧米」とひとくくりにされていたものが、実は「英米」であって、独仏はむしろそれに抵抗していることが、第二次世界大戦の勝敗と関わっていることは容易に想像できた。ドイツとフランスは、第一次世界大戦後の処理が懲罰的だったことが第二次世界大戦を生んだ教訓から早々とEUのもとになった石炭鉄鋼同盟を結んだ。ドイツ軍との戦いを初期に放棄したフランスは、ドイツと同様、アメリカ軍によって甚大な被害を被ったという「復興への努力」を共有していたし、親独政権を容認したことでさまざまな「罪悪感」も共有していた。

日本にいた頃は、日本とドイツが同盟国だったのでドイツに行くと「今度は勝とうな」と言われるというジョークを聞いたことが何度かある。けれども、実際はヒトラーがアーリア人だと強調したゲルマン系のドイツ人より、軽い感じがするフランスの方が親近感が持てた。明るく陽気という意味では、枢軸国のもう一つの同盟国だったイタリアの方が親しくなれそうな気もするけれど、実際はそうでもなかった。後にルイ王朝の時代のバロックダンスをやるようになった時に知り合ったイタリア人の女性は、閉鎖的な自分の町から出たくて、ある時イギリスの劇団が来た時に彼らについて国を出たのだと話してくれた。でも、イギリスの雰囲気にどうしてもなじめなく、次にドイツで暮らしたけれどやはり自分がよそ者だと感じて、フランスにやってきてはじめてここが自分の居場所だと分かった、というのだ。確かに、ひと頃までの国別のサッカーチームなどを見ても、イギリスやドイツのナショナルチームは均一性が高かった。フランスはいつも混ざっていて、一九九八年のパリ大会で優勝した時は「コーカソイド系、黒人、アラブ系」が程よく混ざり、英雄だったジダンもアルジェリア出身だった。

いわゆる「人種別」の公式の統計は禁じられていて、イギリスと同じく過去には植民地大国の一つだったけれど、出身国の異なる人同士の結婚率や出生率はヨーロッパで群を抜いている。イタリアはローマ・カトリックの力が強かったので戦後の政治的緊張も強かったけれど、フランスは一八世紀末からすでに革命やナポレオン時代や王政復古などを繰り返して「政教分離」と「自由・平等・博愛」の「共和国主義」を、カトリックもプロテスタントも共有するに至っていたから、「宗教」ロビーの力が育たない。イギリスは立憲君主国で国教会の首長はイギリス国王だ。イタリアの大家族の人間関係や宗教の圧力に押しつぶれそうになっていた女性が、フランスを安住の地とした気持ちは何となく分かる。

フランスでも貧富の差の拡大は進んでいるし、「富裕層の住む地域」というのはもちろん存在する。けれども、そこで違和感なく住める基準はまさに「富裕」かどうかであり、外国人であろうと黒人であろうと差別されない。知識人エリート枠もあるけれど、フランスは無償の公教育を受けて無償または給付金付きのグランゼコールと呼ばれる「共和国エリート」校に合格して卒業すれば、あるいはアグレガシオンという教授資格を獲得すれば、これも国籍や人種や性別による差別がない。それでも、メチエと呼ばれる各種技術や職業を代々継承する伝統も長い間尊重されてきたので、誰もが「学歴」獲得のために能力以上の「勉学」を強いられることがないという時代も長かった。農業国でもあり、各種の職人文化も根付いていたから、「大都市に出て金を稼ぐ」という類のサクセスストーリーを夢見る伝統はなかったのだ。

そのようなフランスでの生活は、日本で先入観として感じていた「欧米」に対する「憧れ」やその裏返しの卑下や劣等感とは無縁のものだった。実力行使のない場合の「権力勾配」というのは双方にその意識がないと成立しない。

フランスは少なくとも日本人に対してフラットだった。もちろん「アジア人差別」をする人がいないなどとは言わない。「中国人」や植民地だったインドシナの国々に対する差別はある。特に中国人の華僑などはフランス人と結婚する率が低く、「先祖」や「家」の共同体を守りながら、自分たちの言語で生活する例が多いからだ。逆に、フランスの「自由と平等」に希望を託して亡命や移住をしてきた家族には子供を無償の公立学校に入れ、成績次第でエリートにする道が開かれているのを知っていた。それはアフリカの黒人も同じだし、「養子」として引き取られた黒人やアジア人も同じだ。

しかし、「日本人」はいつも「特別枠」だった。「日本人」と他のアジア人の区別がつかない人たちは別として、「日本」に特別に魅力的な先入観を持つかなり多くの層がいて、中には、堂々と「日本人は最も優秀な民族」などと公言することで、自分の見識を示せるかのように振舞う人までいた。

新型コロナウイルスが登場した時もアジア人差別が懸念されたが、日本人だと特定されうる限りは被害を免れた。アメリカでは「武漢ウイルス」と称して、日本人や日本人街の寺院が襲われるという事件があった。ロサンゼルスのリトル東京にある寺が破壊され、放火されるなど、アジア系アメリカ人へのヘイトクライムが増えていて、暴行やサービスの拒否などの通告が何百件も報告された。

地理的にも遠く、歴史や文化や伝統もかけ離れた日本がフランスにとってどうして魅力的だという先入観を持つのか不思議に思いながらもその特権を享受して暮らしてきた私が、「遠い親戚」のような親近感の源泉に気づくきっかけの一つが、カナダのケベックへの旅だった。

「遠い親戚」カナダ・ケベックで見つけたフランス

四〇年以上もフランスで暮らし、家族や仕事の両方で定期的に日本と行き来していた私は二点の定点観測を続けてきたと思っていた。その中で、日本とフランスが歴史的に低ストレスの関係にあることや、プラスの先入観があること、それが双方向的であることも感じてきた。けれども、基盤になる要素を比べてみたら、言語の文法的構成も文字も違うし、いわゆる「人種」も違うし、伝統宗教や文化も食べ物も違うし、家族観も違うし、むしろ「正反対」である「別世界」でもあった。

日本とフランスはまったく違うところから違う方向に進んだのに、行きつくところは似ていたので、私にとっては居心地がよかったことは事実だった。細かい現象についてはその類似点や補完性に気づいてはいたけれど、それを整理して全体として納得しようとはなぜかできないでいた。日本に行けば日本人と同じように車が見えなくとも赤信号で止まり、フランスに戻れば、信号よりも車の有無の確認が優先する。日本に行けば雨のしずくを最初に感じれば傘を開き、フランスにいれば多少の小雨なら濡れたまま歩く。

ニュートンが万有引力を発見するきっかけとして、リンゴが木から落ちたのを見て気づいたという有名な逸話がある。でも、リンゴが木から落ちるのを見た人はニュートン以前にも大勢いただろう。リンゴ

でなくても別の果実が落ちることもある。ではどうしてニュートンだけが万有引力に思い至ったかというと、リンゴは木から落ちるのに夜空に見える月はどうして落ちてこないのだろうかと疑問を抱いたからだという。空に浮かぶ月を眺めた人も無数にいるだろう。でも月は落ちないのが当たり前で、リンゴは落ちるのが当たり前、と思ってしまえば、何のきっかけにもならない。

私にとって、日本とフランスの違いは月とリンゴのようなもので、月は月、リンゴはリンゴと割り切っての定点観測だった。その比較は興味深くても、もう一歩の踏み込みがなかったように思う。その「壁」を崩したのが、カナダのケベック州への旅だった。モントリオールはニューヨークや東京やパリと同じように、国際都市なので多様性が目立ち、人々を見ていると気づかないけれど、フランスから来ると、表示がすべてフランス語であるからこそ驚いたことがたくさんあった。交通標識のSTOPというものまで「Arrêt」とフランス語で書いてある。カトリック教会が町の至る所にあって、通りの名前のほとんどが、カトリックの聖人の名前か、カナダに来た宣教師や聖職者の名前か、フランス王に関する名前だ。モントリオール自体が「モンレアル」で「王の丘」という意味だ。広場にはフランス王や貴族や聖職者の像が建っている。

ケベック市に入ると、まるでタイムスリップしたかのようだった。町に掲げられている旗もカナダの国旗でなくブルボン家の百合と十字架を組み合わせたケベックの旗ばかりだ。サンローラン河（日本語のガイドでは英語名でセントローレンスと書いてある）とサンシャルル（これはセントチャールズ）が交差するところに「旧港」があり、そこに勝利のノートルダム教会がある。北米最古の石造りの教会で、一六九〇年と一七一一年にイギリス軍の侵攻を押し返した記念に建てられた（フランス軍が最終的にイギリスに敗れたのは一七五九年だった）。

広場の真ん中には港に向かってルイ一四世の胸像が置かれている。もともとケベック州にやってきたフランスの植民者は、モンレアルを（聖母）マリアの町と呼び、フランス王国の封建領主が統治してい

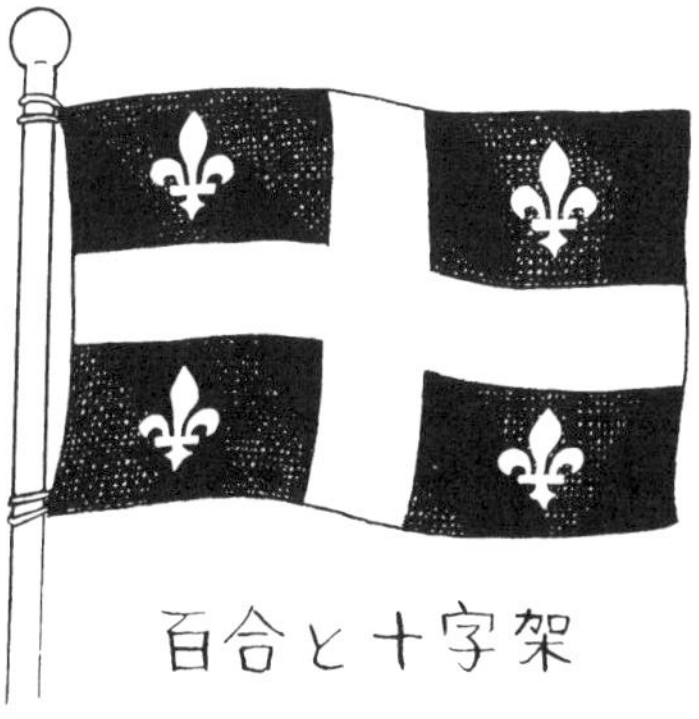

カナダ・ケベック州の旗

たのをルイ一三世が直轄領にして「ヌーヴェル・フランス」（新フランス）と呼ばれることになった。王権を神から授かったとされる絶対王政の黄金期だったので、国王とカトリック教会とフランスのアイデンティティはセットになっていた。ガリア教会主義といって、フランス国内の司教の任命権を国王が持っていたので、国王はフランスのカトリックの「教皇」のようなものだったのだ。まさにケベックの旗の「百合と十字架」でこれは切り離すことができない。

このことに気づくと、今のフランスとの乖離《かいり》がはっきりと分かる。今のフランスのアイデンティティとはかけ離れているのだ。一七八九年のフランス革命で国王と国王を首長とするカトリック教会を一掃した後、その後のナポレオンが再びローマ教会と和親条約を結び自らも皇帝になったり、その後で王政復古やさらなる革命を繰り返したりで、結局フランス革命の「共和国主義」を国是とした。その結果、公的な地平での厳格な政教分離が行われ、古くからある教会や大聖堂は国や自治体の所有物となった。古来の中央集権主義は残り、大統領が権威と権力を両方集約して王のようにふるまうことも普通にあるが、「神の加護」を口にするアメリカや、女王が国教会の首長であるイギリスなどのアングロサクソン国とは確かな一線を画している。カトリックは赤ん坊の洗礼や子供の初聖体、結婚や葬儀などの家族的な通過儀礼としては長い間生活の中にあった。祝日、祭日のリズムも残っている。それでも、宗教文化が消費文化に飲み込まれて、例えば「主の降誕祭」であるクリスマスが日本ではただのお祭りになっているように、フランスでもクリスマスは装飾やプレゼントなどの「モノ」化して、宗教的な「コト」は希薄になっている。それでも毎日曜に教会のミサにあずかるのは、地方の村共同体の帰属感がある人や都市のブルジョワ階級の連帯感の確認の場合が主流となっている。

今のフランスでは、革命の英雄やら、共和国のシンボルであるマリアンヌの肖像が中心であり、太陽王ルイ一四世などは、ヴェルサイユなどフランスの観光資源としてのアイテムであっても、普通の町の中心に「王の広場」があることなど考えられない。アメリカ発の政治的公正の影響下にあるフェミニズムなどの浸透によって、「啓蒙の世紀」の英雄像でさえ撤廃されることが不思議ではなくなった。

私は多くの日本人観光客と同様、フランスに来てノートルダム大聖堂だのシャルトルの大聖堂などを訪れ、ヴェルサイユ宮殿も観光して「フランスの歴史」を味わったつもりだった。けれども、そのどの場所も、フランスのカトリック教会の歴史と不可分であり、一六世紀の宗教戦争と一八世紀末のフランス革命によって深刻な破壊や略奪を免れたところは皆無と言っていい。私の見ていたのは、それらの所有者であるフランス政府が無限の価値ある観光資源として再開発、再現、演出した「施設」だったのだ。

それでも「感動」はできていたけれど、ケベックに行って、宗教戦争とフランス革命のないフランスとは何かがはじめて分かった。ケベックが新フランスになった時はすでに宗教戦争は終わっていたし、フランス革命が始まった時には、フランス本土を追われた修道会がケベックに移転したり、本土の教会や修道院にある絵画や聖遺物や祭具などの多くをケベックに「疎開」させたりした。ケベックのカトリック教会や修道院は一七世紀頃からのもので、フランス革命後の一九世紀からは数多くの大聖堂も建設された。だから、「本土」で何百年も、時には千年もの歴史を持つ宗教建造物と比べて、観光客にとっての「中世」へのタイムスリップ観は薄いものの、実は、ケベックの「フランス」は、歴史の中で淘汰されずに穏やかに変異しながら保存され、そのまま新しい時代を紡いだフランスなのだった。

これはフランス・バロック音楽にも言える。一六五〇年からの百年間に宮廷とオペラ座で花開いたフランス・バロック音楽は、スターシステムのイタリア音楽に席巻され、フランス革命によって一度完全に途絶えた。二〇世紀後半にバロックバレエの振り付け譜が解読されてからその心身音楽としての官能性と科学的な普遍主義を取り入れた知的な抑制とが織りなすフランス・バロックが蘇ったのだ。それは、大劇場で大音響で繰り広げられる名人芸を「消費」する「産業」として発展した音楽システムとは全く違う親密なもので、ルイ一四世が熱心なダンサーでありギタリストでもあったように、王侯貴族と結びついていたし、当然、王が代表する宗教とも結びついていた。世俗の音楽や演劇が禁止されていた復活祭前の四旬節には、オペラやダンス曲をそのまま宗教声楽であるモテットや聖歌に取り入れたものが演奏された。明らかにダンスのステップを転用したようなオルガン曲もある。

ところが、ケベックでは、王と教会と共にフランス革命で途絶えたフランス・バロック音楽でさえ、その感性は伝えられている。修道会、宣教会が運営した学校の教育プログラムの中でフランス・バロック音楽のレパートリーやバロック仕様の楽器が保存されてきたからだ。

教会での宗教音楽のコンサートも多いし、修道院ではチェンバロのコンサートもやっている。フランス「本土」でもバロック音楽は復活しているけれど、その「普遍主義」志向から非常に国際的な場になっている。それは刺激的で、私のような日本人でも普通に参入できる世界なのだけれど、ケベックではその背景に「百合と十字架」という元のパトロンの気配を感じてしまうのだ。

アメリカに最初にたどり着いたイングランドのピューリタンは、国から逃れて新しい神の国を「建国」しようとしたが、最初にカナダに上陸したフランス人たちは、宣教師も含めて貴族の家系の者が多かったし、ブルジョワ階級が続いた。聖母マリアや聖ヨセフや洗礼者ヨハネなどの「聖人たち（ピューリタンは基本的に聖人崇敬のシステムを廃した）」に「新しいフランス」を奉献しながら「百合と十字架」を維持したのだ。

それでも、当然ながら、今のケベックはアメリカナイズされている。そのアメリカナイズの様子は、フランスのそれよりも日本のものに似ている。日本との距離が近い、という場面もある。日本で普通にあるけれどフランスではめったに見かけない「網戸」がたいていの家についていることから、水洗トイレの流れがフランスのような直流でなく渦巻き型が標準であること、歩行者が信号表示を律義に守ることまで、親近感がある。

それなのに、交通標識だけではなく、日本では普通に英語がカタカナ表記になって定着しているファストフードのメニューまでほとんどがフランス語に訳されている。フランス語自体も、公用語としての存在を守るために、テレビの報道番組などでも敢えて古い形のフランス語やアクセントを維持している。そのズレが、私の暮らしてきたフランス、見てきたフランスとはいったい　何だったのだろうという問いをつきつけてくる。

日本とフランス――「何でもありの国」同士

アメリカの植民者というと、「先住民」との激しい戦いや、奴隷貿易に頼った大規模農園経営などというイメージがあったけれど、ケベックのフランスの植民者は違っていた。カナダの気候ではコーヒー豆やタバコ、綿花などの栽培ができないし、フランスの望む「商品」は主としてカストールの毛皮であり、それを得るにはその技術を有する先住民と取引をする必要があったからだ。カナダ東部の先住民族は「西部劇」のようなアメリカ・インディアンとはかなり事情が違う。トーテムポールもカナダ西部（つまりアングロサクソン側）の先住民族でしか見られない。北米に最初に上陸したフランス人が遭遇した先住民との関係はまったく違っていた。ケベックは当時今よりもっと寒冷地だったので、労働力としての「黒人奴隷制」は存在しないから、「奴隷の子孫」をめぐる「人種差別」の感覚は今もない（フランスの植民地でもカリブ海やインド洋では黒人労働力の需要があった）。

寒冷地では、先住民との力関係が異なる。インフラのない「未開」民族を「動物」のように見下す余裕などはない。イヌイット（カナダのエスキモー）のサバイバルのテクニックが必要とされ、スノーシュー（かんじき）の作り方などはもちろん、狩猟と毛皮保存の技術も先住民族に頼るしかない。

フランスは特にユーロン（今はワンダケという原語でよばれる）族と協定を結んだ。すでに、「毛皮」はヨーロッパへの商取引の対象になっていて、先住民にとって大切な「資源」だった。毛皮（特にカストール）を求めるために他の先住民の領土を侵略する部族もいる。特にイロコイ族は戦闘的だった。ユーロン族は温和で、独自の民主主義文化を持っていて、早くからキリスト教化した。つまりフランス・カトリック化したということだ。宣教師や修道女たちのほとんどは本気で彼らの魂を救おうと思っただろうし、医療や教育に尽くした。また、ユーロン族のアニミズムや祖霊信仰や多神教的感覚は、カトリックを抱合することを容易にした。もともとフランスのカトリックはケルトやゲルマンの祖霊信仰や地域の守護神などを無数の「聖人」崇敬に置き換えて広まった側面がある。だからこそ、宗教改革の時代にプロテスタントが聖人崇敬は多神教だと批判して、聖像を破壊したのだ。そんなピューリタンのメンタリティのアメリカ植民者や宣教者と違って、カトリック宣教師は受け入れられやすかった。

　一方、フランス政府の方は、ユーロン族からの毛皮供給を独占し、その代わりにフランス軍がイロコイ族からユーロンを守るという協定を結んだのだった。ところが、プロテスタントのオランダは、イロコイ族から毛皮を獲得するために、イロコイ族に銃器を提供した。こうして一六四〇年に「毛皮戦争」が起こり、ユーロン族は命も土地も多くを失うことになった。ユーロン族とフランス植民者の混血も進んだ。互いに「カトリック」であったこともあるが、イギリスとの戦争や疫病や飢饉などで孤児となったフランス人の子供たちを部族が養子として迎えたからだ。ユーロンは女系なので、養女たちは養母の家系を継いでいく。

　もちろん歴史はその後どんどん複雑になっていくのだけれど、出発点におけるこの事情からだけでも、アングロサクソンの植民者が西部へと向かったり、スペイン系植民者が南米大陸の東部に向かったりした展開とはまったく違うことが分かるだろう。

　しかも一八世紀にはフランス軍はイギリス軍に敗れてカナダはイギリス帝国に包括された。その時も首都はモンレアルだったが、国会議事堂がイギリス人に焼き討ちされた後、ケベックに接するオタワに首都が作られた。フランスはアメリカの独立を助け、一九世紀にはカナダでも米英戦争が起こるなど、英米仏の確執が続き、フランスとカトリックがまとめて憎悪の対象になった時代もあった。

先住民居留地に宿泊してフランス系の母を持つカトリックのユーロンの話を聞いたり、議会開催中のオタワに行った時がエリザベス女王在位七〇年の祝いの期間で通りに女王の肖像旗がずらりと並んでいるのを見たりしたので、アメリカという「新大陸」のルーツも含めていろいろ考えさせられた。

そして、やはり、ケベック。

もし、今の地球のどこかに、日系人がエリートとして住んでいて日本語を公用語とする国があり、たとえば「国家神道」の形をそのまま継承していると仮定したら、いったいどんな感じになるのだろう、などと想像さえしてしまった。

そのような感慨を抱いてフランスに戻った時に、「百合と十字架」のアイデンティティを掲げるケベックとは全く違う一種の「ユルさ」、鷹揚さ、肩の力が抜けた感じに何となくほっとした。

その時にはじめて、日本人にとってなぜフランスの居心地がいいのかが分かった。両者とも長い歴史の変転の中で時の政権によって何度も「理念」や「方針」をころころ変えてきた末に、表面はフラットな「何でもあり」の国になった。アングロサクソン的な目的遂行、自意識肥大、自己正当化の一貫性の必要性がもはやない。

それでもいざという時には「自由・平等・博愛」だとか「五か条のご誓文」だとか、（それぞれの）「神の国」だとか、古来の伝統だとか、繰り出すカードをけっこう持っている。宗教への帰属を宣言しなくても、大聖堂や大寺院に出かけて、蠟燭だの線香などを立てていろいろな願をかけることもできる。「神も仏もあるものか」と公言しても、社会的にも制度的にも圧力がない。

これまで、日本で生きて、フランスで生きて、「国が違えばいろいろ違う」と何となく思っていたのは、空の月が落ちなくても、リンゴが木から落ちても、それは、月はリンゴじゃないからだ、と思っていたからかもしれない。ニュートンのブレイクスルーは私には訪れなかった。

そこに現れた「ケベック」は、私にとって「流れ星」だった。それまで目にしていた、政治的、外交的、経済的、観光政策的に再構成されていた「歴史あるフランス」とは、幾層にも連なる矛盾や過ちや誇りや屈辱や犠牲や愛憎や欺瞞によって形成され、葛藤し続けている国だったのだ。

その「発見」から日本を見ると、戦後のアメリカ民主主義で戦争を知らないまま発展と平和を謳歌していたと思っていたのが、いつでも軍国主義に揺り戻される危険をはらみ、多くの建前や嘘の中で、右往左往していることが見えてくる。同時に、そのベースにはやはり、長い戦いの歴史や、国際情勢によって変異し続けるほかなかった葛藤と共に、いざとなったらどうにでも変わり身を見せることができる島国のレジリエンスの力が感じられる。

フランスも日本も、二一世紀のグローバリゼーションと共にアメリカ風消費文化に埋没したので、表層は似てきた。表層が似てくればくるほど、「違い」も見えてくるのだけれど、その「違い」をまた一段掘り起こしてみれば、その「ややこしさ」の層において両者は似てくるし、惹かれあいもするのだ。

現実世界はいつもどこでも「複雑系」だ。それを恣意的に単純化しようとする流れがある。時には「陰謀論」であったり、敵と味方、加害者と被害者を分けるキャンセル・カルチャーや、政治的公正によって表現の自由を狭めたり検閲したりというアングロサクソン型の締め付けだ。それは日本やフランスのように「複雑系」をそのまま抱えている文化には似合わない。日本もフランスもそれに薄々気づいている。それが、両者が互いに心地よいものと感じるわけの一つであることは間違いがない。

パリ・オリンピックで見えた親日フランスの「今の顔」

二〇二四年の夏、コロナ禍で延期と無観客開催となった東京五輪と、観客を入れたものの外界と隔離する厳戒態勢だった北京の冬季五輪の後、観光都市パリでオリンピックとパラリンピックが開催された。

東京や北京と対照的に、有観客というだけではなく、聖火ランナーがルーブル宮の中を走り、会場をスタジアムに限定せずにパリやヴェルサイユの観光スポットに広げ、開会式もセーヌ河で船の行進という前代未聞の演出だった。マラソンもパリと郊外都市の観光スポットをめぐるもので、男子マラソンが行われた同じ日の夜に同じコースで、成人ならだれでも無料で参加できる市民レースが開催された。四万の市民ランナーが走る画期的なものだった。

コロナ禍が過ぎて平和な世界が戻っていたわけではない。ウクライナ戦争やガザ戦争が続いているばかりか五輪開催中にはロンドンで暴動が勃発した。フランス国内でも、六月のEU議会選挙の結果、極右躍進の危機感の中でマクロン大統領が突然下院を解散して総選挙に打って出た。その結果、絶対多数派のない分裂状態となり、暫定内閣のままオリンピックに突入したのだ。

それでも、テロのリスクや大規模ストの可能性が語られる中、空前の規模の警備と各国から招かれた警察やボランティアも含めたまさにインターナショナルな体制で、パリは突然「世界一安全でフレンドリー」な大都市に変身した。この驚くべきパフォーマンスは、フランスの「矜持《きょうじ》」がなしとげた奇跡だったのだろうか。このような離れ業はフランス以外の国では想像もできなかっただろう。

思えば、東京五輪では、汚職をはじめとするスキャンダルがあり、コロナ禍による鎖国状態で、密集や密接はもちろんマスクなしの会話ですら避けて委縮していた人々の間で、オリンピックの開催自体を批判する声も多かった。翌年の北京冬季五輪も異様な緊張感が続いていた。それから二年半後のパリ五輪が、コロナ禍以前のオリンピックに「戻る」のではなくて、これまでに想像もできなかったような「開かれた」コンセプトを実現したこと、会場を埋め尽くした人々が熱狂したこと、はまるで夢のようでもあり、魔法のようでもあった。

「パリとそれ以外」と形容される中央集権国フランスのメンタリティは、英米アングロサクソン国と対極にある。領邦国家であったイタリアやドイツとも異なり、レコンキスタを経たスペインとも異なる。二一世紀に百年ぶりのパリ五輪を打ち出した奔放で挑発的な開会セレモニーは、さまざまな物議を醸しだした。イエス・キリストのような「最後の晩餐」を「オリンピアの祝宴」に見立てたかのような「冒瀆」的な演出などについてプロテスタント牧師サミュエル・ペテルシュミットはマクロンに抗議したし、カトリック司教会議はオリンピック委員会に遺憾の意を示した。極左も極右も困惑した。

その奔放さは、実はフランス文化史の王道につながるものだ。フランス文化の「洗練」は、自信と優越感の裏返しである自虐と冷笑によって支えられてきたからだ。

「冒瀆」といっても、近代オリンピックのルーツはフランスのカトリック教会の中にある。オリンピック委員会のバッハ会長もベネディクト一六世とフランシスコという二人のローマ法王に謁見しているし、フランシスコ教皇からの公式メッセージも寄せられた。開会式の一週間前には、パラリンピック閉会式の一週間後まで続く国連とも連動した「オリンピック休戦」のセレモニーがマドレーヌ寺院で行われたし、カトリック教会はホーリーゲームというパラレルな活動で選手たちを祝福した。開催中にも修復中のノートルダム大聖堂前の広場で諸宗教の合同での祈りが開催された。百年前のオリンピック開催期間に大聖堂の中で行われた祈りを踏襲したものだった。このような「伝統」と「前衛」「奇抜さ」とを堂々と併存させる度量がフランスの持ち味だともいえるだろう。

このような、国際的な評判に「迎合」しない独自路線を展開したパリ五輪を見た私の頭をふと過《よぎ》ったことがある。それは、不運な時期にあたった東京オリンピックの後がすぐにロスアンゼルス五輪でなくてよかったなあ、という思いだ。

東京五輪での規制に関わらず、フランス代表選手は東京に行けたこと自体を明らかに喜んでいた。アニメやゲームなどの要素をふんだんに取り入れたセレモニーの「演出」に酔い、パリ五輪を「大好きな日本」でのお祭りの続きにしようという意欲が感じられた。

日本の「お家芸」だった柔道をフランスで習う若者の数は日本を大きく凌駕する。柔道や空手で「イッポン」や「キモノ」などの日本語を使うことも喜びのひとつで、日本選手との試合では、勝っても負けても特別のリスペクト感が伝わってくる。

東京五輪に次ぐ金メダルを目指していた日本の女子選手が破れて泣き崩れた時に、フランスの観客がいっせいに励ましのコールを送ったことは日本でも報道された。それなのに、日本の「保守」論客の中には柔道のフランス代表の写真を載せて、これがフランスか、アフリカではないのか、などとコメントする人がいた。それを受けたユーチューバーが「フランスがアフリカに広大な植民地を持っていた」歴史で解説しているのを見て驚いた。柔道のフランス五輪代表の多くはフランスの海外県出身だし、移民や二重国籍者もいるが、誰もそんなことは問題としない。みなが「フランス人」というアイデンティティのもとで日本を愛し、日本に声援を送っていたのだ。サッカーやラグビーの起源がイギリスにあることと柔道の起源が日本にあることとの意味はフランス人にとって根本的に違う。

フランスの「お家芸」的なフェンシングで日本が活躍したことも双方で友好的に受けと

められた。

それでも、日本では、選手村の食事の少なさやクーラーがないことに対しての否定的記事が出回っていた。自然食や省エネルギーや環境配慮などに基づく配慮が不満の種となったのだ（選手村は一九二四年のパリ・オリンピックがはじめて設営したものだ）。

このことも、開会式の挑発的な演出と同様に興味深かった。グルメのパリ、ファッションのパリ、気どったパリジャン、おしゃれなパリジェンヌなどというステレオタイプの期待に応えようという迎合努力はいっさいなく、最初に「近代五輪」を提唱した時と変わらないイニシアティヴが貫かれていたからだ。

冷戦終結後、フランスも日本と同じように、規制解除のグローバリズムの流れに飲み込まれたし、日本と同じように、「凋落」を辿っている。とはいえ、フランス革命で過去の文化を自ら否定し、第二次世界大戦中にドイツ軍による占領を体験し、アメリカのヘゲモニーに抗い続け、自らの独自な基盤が崩れていく中でも、フランスは国際社会に向けた「忖度《そんたく》」をいっさい拒否した。内政の混乱や赤字財政の真っただ中でも国際的な祝祭を前代未聞の形で百年ぶりに成功させるという離れ業をみせたのだ。

一方で日本は、フランスと同じように古い歴史や文化の伝統を有しているのにもかかわらず、幕末以来、伝統と西洋化、矜持と怯懦《きょうだ》の間で揺れ続け、国内でも、国際社会でも、「忖度」と「同調」の気風で自らを縛っている。「開国」初期には「西洋」に対してヨーロッパの複数の国やアメリカを複眼的に眺めるという戦略がとられていたのに、第二次世界大戦後は、伝統の基盤をまったく異にするアメリカ依存が続いたままグローバリズムに突入したのだ。

大雨の中で強行された開会式の直後から、国内外による批判や嘲笑にさらされながらも、パリのオリンピックとパラリンピックは無事に終わった。パリ市内の交通制限や観光客の多さを避けてパリを離れて夏のバカンスを過ごした若いパリジャンたちの「憧れ」の旅行先が「日本」だったことも印象的だ。

秋の新学期が来て、政治の季節が戻ってきた。オリンピックでの高揚感が覚めた後には警備予算の超過や政府の累積赤字への非難が飛び交うようになった。サッカーのフランスチームのスターはスペインのクラブに移籍し、スキャンダルも浮上してリーグ戦に参加しなかった。日本で話題になる相撲や野球のニュースはフランスでは全く話題にならない。

パリ五輪で感じた絆や安心感をふと懐かしく思う私のところに、リセの生徒がどうしても漢字を習いたいと通ってくる日々が始まった。

第2章

日本発サブカルの圧倒的威力

アメリカという補助線

日本とフランスの関係を考える補助線としての日本とアメリカの関係を少し考えてみよう。

第二次世界大戦や原爆投下、日米安全保障条約などの歴史は別として、私がフランス留学を決めたころの日米のイメージはどんなものだっただろう。一九七〇年代は留学と言えばアメリカが第一だった。その中でも、二〇二二年に七〇周年を迎えた日米教育委員会「フルブライト・ジャパン」による交換留学システムによる交流が盛んだった。一九九七年には、アメリカの大学で一年以上学ぶ外国人の数は、日本が四万七千人で世界最多だったそうだ。それが二〇二〇年には四分の一近くに減っていて、中国、韓国、台湾からの留学生の数より少ない。関心の薄さは双方的で、今はアメリカの一流大学でも日本政治を担当する終身教授はいないという。

日本研究がピークだったのは一九七五－一九九五年で、社会学者エズラ・ヴォーゲルによる『ジャパン・アズ・ナンバーワン』は一九七九年に出版された。一九八九年にビジネ

スウィーク誌の世論調査では、なんと六八パーセントのアメリカ人が、「ソ連の軍事力」よりも「日本の経済力」を恐れていたそうだ（グレン・S・フクシマ「経済教室」『日本経済新聞』２０２２年8月29日朝刊）。

日米の関係の根本には、常に数値化される軍事的や経済的な「安全保障」や「脅威」の指標があったということに他ならない。日本側には、歴史の浅いアメリカは日本の歴史や文化に憧れを持っているとか、王室のないアメリカは日本の皇室に敬意を持っているとかいう言説が時折見られるけれど、歴史や文化や王室への視線や関心などは、自分たちの直接のルーツであるヨーロッパの国々に当然ウェイトが置かれている。日本への異国趣味的な興味があるとしたら、それは日本にだけでなくアジアの多くの国へ向けるもの以上でも以下でもないだろう。だからこそ、本来特別な憧れも敬意もない「敗戦国」日本が、戦後半世紀も経たないうちに驚異的な経済成長を遂げたことが衝撃だったわけだ。

日本人が誇る「美しい国」の四季や自然の情景についても、広大な大陸国アメリカには気候にも地形にもあらゆるヴァリエーションがあるので「箱庭的」憧れは生まれない。個々のアメリカ人と日本人の間には友情も尊敬も成立するし、アメリカ人の率直で裏表のない好意を獲得できれば、日本人同士の往々にして建前と本音の使い分けを必要とする付き合いよりも深く確固とした友情に発展することもあるだろう。

フランスに今も残る「アメリカのおじさん」という言い方

フランスとでは少し違う。フランス人の「フレンチ・エレガンス」の伝統では、思いを率直に顔や態度に表すのははばかられる。スノッブなフランス人が「教養」に対して実は本気で憧れを抱くのも不思議と言えば不思議だ。逆に言えば、歴史や文化の伝統のないアメリカに対しては、優越感があり、その優越感と、アメリカンドリームへの憧れとが共存する。と言っても、アメリカンドリームとは、一九世紀半ばのゴールドラッシュの時代から続く「海を渡って移民して一攫千金を成す」というタイプの経済的成功を指す。フランス語の「アメリカのおじさん」という表現は、若い頃にアメリカに渡った親戚が富裕になって、フランスの家族を援助したり招いてくれたりしてくれるというストーリーを前提にしたものだ。

けれども、イギリスをはじめとするヨーロッパのプロテスタント国からの移民と違って、アメリカでは長い間カトリック国からの移民に対してハンディが課せられてきた。アメリカンドリームには、「勤勉に働くことによって地に富を積む」というピューリタン的なベースがあるから、「救われるためには働くより祈る方が大切」という側面のあるカトリックのメンタリティは溶け込みにくい。この世ではひとまず天と地を分けるプラグマティズム（現実主義）に依って立つ共同体利益優先の世界では、「エレガンス」や「教養」は優劣の比較の対象にさえならない。

だからこそ、米仏の交換留学には、「エレガンス」や「教養」を重要視する家庭の子弟がアメリカからやってきて、フランスからはビッグサイズの消費社会に憧れる層や、将来のビジネスチャンスを狙う層が子弟を送り込むことになる。その構図が基本的には変わっていない。今のフランスではビジネスチャンスとしてアメリカより可能性が大きいと判断する

"アメリカのおじさん"

親が子供に中国語を習わせて中国留学を図る場合も多い。実際は、フランスにはフランス国籍を持つ多くの華僑の子弟がいて、彼らが中国とのビジネスシーンで活躍することがほとんどなのだけれど、ユニヴァーサリズムが身に着いたフランス人は、言葉さえできれば見た目が「白人」であることが何のハンディにもならないと楽天的に信じ続けているのだ。

このように、若者の「留学」先として、アメリカや中国を視野に入れる戦略や先入観には、まずアメリカや中国がフランスに比べて地理的にはるかに広大で、経済的にもはるかに豊かで可能性も無限だというイメージがある。そのイメージは、中国の場合は文化大革命や天安門事件、新疆ウイグル問題などを経て上下したし、アメリカの場合も、ヒッピー運動から様々なロビー活動に支えられたＬＧＢＴや女性差別、人種差別撤廃などのアファーマティヴ・アクションへの対応などに揺さぶられた。それに引き換え、日本との関係は、日本が経済的に下落し、内向き志向になりガラパゴス化したなどと言われるにかかわらず、フランスの若者の間での日本発サブカルチャーの影響は増すばかりだし、「エレガンス」と「教養」をアイデンティティにする層にとっての日本への敬意も減っていない。

次に、フランスに住む日本人にとって実際に楽なことがいろいろあることを挙げていこう。

アメリカ人のフランス語よりも日本人のフランス語の方が聞き取ってもらえる

日本人がフランスに来て気が楽なのは、度量衡の単位が同じであることだ。江戸幕府がフランスとの関係をアングロサクソン国よりも重視してくれた結果だ。距離や重さだけではなく摂氏と華氏の温度表示の違いに慣れたり切り替えたりするのはなかなか大変だ。日本とフランスでは言葉と通貨と車の左側通行とを切り替えるだけで、季節感はまあまあ似ているし、フランスでは台風や（一部の地域を除いて）地震、火山爆発などの心配がないのでむしろ気楽な気がする。

スリや犯罪、テロに巻き込まれる率は日本より大きいかもしれないが、長時間の飛行機旅のリスクもそうだが、自分の意志で外国へ行くという能動的な行為に伴うリスクは受容しやすいようにできている（例えば雪山の登山やカーレースのリスクが高くとも、登山家やレーサーはそれを受容する）。まったく受動的な地震や台風への不安とは性質が違う。

言葉でもそうだ。フランス語は英語やドイツ語のような強勢拍言語ではない。強勢拍言語では、強く発音するところとしないところでは発声のスピードが違う。モーラ拍リズムと呼ばれる日本語は、母音と子音の組み合わせの音を同じ長さで発声する。フランス語は音節拍リズムといい、音節ごとの長さが同じで、英語のような「強勢拍」がないので速度も強さもすんなりと流れて聞きやすい。また特にアメリカ英語のように単語の最後の子音を呑み込むことがない。だから、平均的フランス人の話す英語は日本人にとってよく聞き取れるというメリットもある。日本人の耳には優しい。フランス語の「口語」をカタカナ書きすることで綴りを予想するのは比較的簡単だけれど、アメリカ英語の「口語」をカタカナ書きすると綴りとは似ても似つかないことになるのも強勢拍言語だからだ。

フランス語は韻を踏むのが大切で、シャンソンの歌詞などすべて韻を踏んでいるので、覚えやすい。日本語の五七五と同じだ。日本人が気をつけなければならない発音はいくつかあるが、Rの音を除いてはすべて完璧に発音することが可能だ（前田陽一先生が開発したメソード）。強勢をつけてしまうアメリカ人のフランス語よりも日本人のフランス語の方がよく聞き取ってもらえる。フランス語は文の中ほどまで音程が上がってその後に下がる、というのを日本人の先生から聞かされたことがある。それでも、「外人があまりにうまく日本語を話すと違和感をおぼえてしまうように、私たちは日本人だからあまり音程の差をつけない方が無難です」と言われたのでなるほどと思ったことがある。それでフラットに話していたのだけれどある時「あなたのフランス語は完璧なのにどうして平板なのか」と言われてしまった。

「外人」は「外人風」に話すのが普通、という日本の感覚と違って、フランス語を普通に話せればフランス人「認定」してもらえるのがフランスなのだ。少なくとも、会話については、日本人が大人になってから学ぶなら、「音と音の時間間隔」を調整しなければならない英語よりもフランス語の方がずっとネイティヴ風に話せるようになる。

音楽教師としての体験

フランスは、フランス革命とナポレオンによる機会均等の強固な教育社会主義を築いてきた。戦士階級である貴族の身分を廃止したからには、国民皆兵が必要で、今でも、最高のエリート養成機関であるグランゼコール（大学課程とは別のエリートコース）のポリテクニックは「士官学校」である。士官養成だから、学費がかからないどころか給費がある。卒業後実際に「士官」になる例はほとんどなく、その後で他の国立グランゼコールで履修すれば支給されたものを返還する必要がない。

フランスは免状社会であり、エリートにも様々な階級がある。たとえば、日本なら大学のどの学部を出ていても、新聞社や出版社などに就職してジャーナリストを名乗ることもできるし、フリージャーナリストと名乗ることもできるが、フランスにはジャーナリスト養成のグランゼコールがあり、その免状や出身校がキャリアの全てについてまわる。それがなければ公的な場でのジャーナリストとしての取材は難しい。

ビジネススクールのように公共性のないジャンルのグランゼコールもあるが、公的援助がないので学費は高い。けれども、大学、医療、コンセルヴァトワールなど、基本的にナポレオン以来確立した共和国教育機関の学費は無料か登録費だけで、返済義務のない奨学金制度も手厚い。

公立小学校にはいわゆる「音楽の授業」がない。イベントで生徒たちが歌を歌わされることはあるけれど、日本のように階名を読ませたり縦笛やハーモニカの演奏が組み入れられたりすることもない。その代わりにどこの町にも公立のコンセルヴァトワールがあって、楽典、楽器、合奏、合唱、バレエなどの授業を、家族の所得に従って安価で提供している。楽器の貸し出しもある。

公立だから、入門クラス、初級クラス、中級クラスなどの昇級試験も全国共通していて、引っ越しても前のレベルのクラスに編入できる。学校と同じだ。中級以上の試験は都市レベルでなく「県」のレベルになる。バカロレアのオプションとして好きな楽器で好きな曲を弾いたり踊ったりすることもできる。その点数が他の科目の平均点より低ければ計算されないので、ハンディにはならない。でも音楽やダンスが得意な生徒は平均点を上げるチャンスになる。大学は少数のカトリック系を除くとほぼ国立大学しかないが、大学のオーケストラに参加するには公立音楽院で中級以上のレベルが条件となる。

このように、上からは「資格社会」ではあるのだけれど、下からは「実質重視」というのがフランスのおもしろいところだ。音楽院で楽器を習うには楽典、合唱、合奏などのクラスもとる必要があるので、子供の送り迎えが大変になる。だから、プライベートな「個人レッスン」を探す親も少なくない。また、音楽院でのレッスンについていけなかったり、メソードが合わなかったりする場合もある。

私は三〇年以上も、自宅でそうした生徒にギターとピアノの個人レッスンをしてきた。宣伝は一切しないから、口コミだけの世界で多くの生徒を教えてきた。生徒の親や祖父母に教えたこともあるし、子供だった生徒が親になって自分の子供を連れてくることもある。アーティストを助けるためのＮＰＯを立ち上げたので、私はボランティアという形だ。

日本人的な感覚では、不思議だ。私は子供の頃からピアノのレッスンを受けていたけれど、日本でどこの音大も出ていないし、フランスで私立の音楽師範学校や公立音楽院でギターのレッスンを受けたことはあるけれど、何の免状も資格も持っていない。日本の親たちなら、まず教師の資格や経歴を確認するのではないだろうか。フランスでそんなことを聞かれたことなど一度もない。私が日本人だということももちろん何の妨げにもならない。それどころか、日本にはピアノのメソードがあふれていて、シニアのためのメソードも各種連弾の名曲集もいろいろあるし、フランスで大人気の日本のアニメに使われている曲集もいろいろあるので、音楽には言葉の壁がない強みを最大限に活かしている。もしも特別の才能のある生徒に出会ったら、その生徒がいつでも音楽院などの「王道」に舵を切れるように、音楽院で使用されているメソードも必ず使用する。

しかも、『バロック音楽はなぜ癒すのか』（音楽之友社）で書いたように、日本とフランスの音楽的感性というのは、実は楽器のテクニック重視の「ドイツ＝イタリア」系とは違って、語り物や踊りと深い関係がある。私のフランス・バロック音楽トリオがパリで日本の能管奏者とまで共演できたのも、市場経済原理を免れない音楽シーンから自由になれば、日本とフランスの感性に共通した精神性と世界観があるからだ。日本では築地本願寺で、パリではヴァンセンヌの仏教パゴダとカトリック教会で共演できたことは忘れられない（第5章参照）。

前述したように、フランス・バロック音楽というのは知的に説明できるようにできている。たとえば、日本人がどんなに完ぺきな演奏をしても、ジャズならアメリカの黒人に、いわゆるロマン派音楽のように、ワグナーならドイツ人に、チャイコフスキーならロシア人には負けるというような「国民性」の先入観がない。

だから私も、生徒たちにダンスのボキャブラリーも使って、いろいろなことを徹底的に知的に説明する。そして、楽譜を読むことも、テクニックの習得も、すべては「あること」を「獲得」することが目的だ、と伝えている。その「あること」とは「自由」だ。そして普遍的な「美」についても語る。もともと稼業でやっているわけではないから、音楽が開く豊かな世界の可能性を分かってもらうことが第一義だ。そして、フランス語ではそれを説明することができる。とは言っても、同じことを日本語で説明するのは圧倒的に難しいだろう。漢語が多すぎるからだ。「音楽の演奏とは自由の実現だ」などと小学校低学年の子供に言えない。でも、フランスなら小学校の門に「自由、平等、博愛」の標語が掲げられている。そして、それを外国人が高らかに語っても違和感を持たれない。それだけではない。私と過ごしたことのある生徒たちや親たちは、みな、前よりも少し「日本」が好きになる。私が日本から持ってくる多くの楽譜や音楽モティーフのグッズに目を輝かす。音楽室には日本製の多くの音楽テーマの絵や置物があり、オルゴールやオートマタ（からくり人形）のコレクションもある。日本の伝統楽器やアジアの伝統楽器も置いてあり、日本音階なども聞かせている。

音大などの学歴の壁がないからこそ自由にプロの仲間たちと演奏し、子供たちに音楽のもたらす「自由」を語り続けていることで、「日仏相愛」の関係にほんの少し貢献できているのかもしれない。

「ケンドー」「ジュードー」「ニンテンドー」——日本語教師としての体験

私は日本のリセ・フランセで短期間日本語を教えたことがある。一九七九年に一時帰国していた時のことだ。リセ・フランセは旧植民地の宗主国だった関係で、世界中にアメリカン・スクールよりも広がっていたので、外交官や企業の「駐在員」族は、どの国にも存在するリセ・フランセに子女を通わせることが多かった。私は小学校四年から高校二年までを受け持っていたが、どのクラスも多国籍の子供たちが大勢いた。日本語は必修ではなかったけれど、子供ならすぐ日本語を覚えるから便利だと思う親たちが積極的に選択させていた。彼らの多くはすでに日本語に慣れていたとはいえ、親の都合で国や文化や言語を変えることに不満を持っている生徒もいた。

それから、十数年後、パリのリセで選択科目としての日本語を教えていたフランス人教師が急に辞職した後で請われて、バカロレアの口頭試問を目指す生徒たちを教えることになった。カトリック系私立学校で高校の日本語クラスで、私立だが国と契約関係にあり、私も非正規契約公務員として国から給料をもらうことになった。高校一年から三年まで週三時間ずつを教えるようになり、若者の実態に驚いた。今のマクロン大統領と同世代だ。彼らのメンタリティは、七十年代の東京にいたフランスの子供たちとはまったく別のものだった。彼らが日本語クラスを選んだ動機は「ケンドー」「ジュードー」「ニンテンドー」という三つの「どう」だと当時の私は言っていたが、どんどん増えてきたアニメの影響が大きかった。

幕末のパリ万国博覧会以来のジャポニスムと呼ばれる日本文化、日本美術趣味は、アーティスト、コレクター、知識人の間でずっと継続していたが、一九八〇年代半ば以降からのアニメとマンガとビデオゲームのブームが、「日本のサブカル」で育った新しい世代を生み出しつつあったのだ。

日本語を選択していないのに、アニメ番組の続きが知りたくて、パリの日本書店で該当するマンガを買い求めて何度も見るうちに「読み方」は分からないものの、すべての文字の意味することが理解できた「強者《つわもの》」もいた。彼らも含めて、リセで唯一の「日本人」である私に個人的に話をしてくる生徒が少なからずいた。その頃に今のネット環境があったなら、私は生徒たちとずっとつながっていたことだろう。

私はそれまで「平仮名」から教えていたやり方を変えてカタカナから教えることにした。実際の日本の本で、平仮名だけというのは幼児向けのものしかない。高校生がすぐに普通の文に慣れるようにしたかったからだ。マンガに出てくるオノマトペもすぐ読める。大きな筆に水を含ませて

マンガのオノマトペ

黒板をなぞって習字をさせたのは、私自身の中学の習字の時間で教師がやって見せた方法だった。習字するときの姿勢と精神性の関係も教えた。

いろいろな新しいやり方を展開したが、生徒たちはみな目を輝かせてついてきた。ペーパーテストはワープロで作成し、漢字は筆ペンで書いて見せた。会議に出る必要もないし、全く自由に誰からのコントロールもなく、生徒たちと交流できた。今思うと、これも、日本ではなかなかないケースだったように思う。いわゆる日本語教師の資格もない私が、準公務員として生徒との間に自由な関係を築けて、生徒からも他の教師からも、完全な信頼を寄せられていた。最後の授業で、「次に来る先生（フランス人）ともしっかり勉強するように」という私に、「せんせい、僕らにとってせんせいは、いつまでもせんせいだけです」と皆が言った。普通なら女性教師には「マダム・何々」と呼ぶものだが私は日本語で「先生」と呼ばせていたのだ。私も日本でいわゆる「ネイティヴ」から英語やフランス語を学んだ経験があるけれど、ここまでフラットな信頼関係はなかった。外国人でなくとも、「先生」と「生徒」の間には「上下」「先と後」だけでなく「権力勾配」があることが普通で、「パワハラ」の類も見てきた。

私が、いわゆる「資格」もないのに、音楽教師や日本語教師として充実した時間を過ごせたのは、単に建前は資格社会なのに実質を見るというフランス人のメンタリティのおかげというより、「日本とフランスの相性の良さ」がベースにあったように思わざるを得ない。

BDの下地があったからより強く日本のマンガが受け入れられた

やがて、その世代の子供たちが「大人」になった時、日本のアニメやゲームだけでなく「マンガ」は書店でも図書館でも広いスペースを占めるようになっていた。フランスはもともとベルギーのフランス語圏を含めたハードカバーの「BD《ベデ》」（バンド・デシネ＝芸術性の高いストーリーマンガ）が盛んな国だけれど今や「コミック」の売り上げの半分は日本のマンガが占めているし、『ワンピース』のアニメ映画の封切には何時間も前から若者の長い列ができて、お気に入りのキャラクターが出てくるとアイドルのコンサートのようにみなが声を上げる。ヨーロッパの中世史や騎士物語さえも日本発のゲームで学ぶ者が多い。任天堂の『ゼルダの伝説』などは広く知られている。そのせいで、もはや日本が異文化という意識がない。フランス革命を扱った『ベルサイユのばら』でさえ、マンガもアニメも違和感なく受け入れられている。日本史を扱うフランスの「BD」が日本で受けるなど想像できないけれど、フランス人はフランス史はユニヴァーサルな世界史だと錯覚しているから、どの国の誰がネタにしようと気にしない。

「少年」「少女」「成年」というマンガのカテゴリーもそのままフランス語になって分類されて、フランスは日本を除くと世界一の「マンガ」消費国になっていた。前述したように、フランスにはフランス語圏ベルギーの『タンタンの冒険』をはじめとするハードカバーの大型本のBDというコミック文化があり、国際フェスティヴァルも毎年開かれているが、そこでも日本発のマンガは存在感を増している。

フランスでは、革命以来すべてのメチエ（職業）を公的な「資格」の枠内で養成、保護するシステムが定着しているので、サブカルチャーといえども「草の根」的なスターは本来生まれにくい分野だった。一方で、あらゆる種類のマンガ市場が小説よりも優勢な日本では、才能あるストーリーテラーがマンガに向かうのでそのレベルはますます高くなる。フランス人は今でもクリスマスに大人同士が「本」を贈り合い、バカンスには海岸で読む小説が「売れる」ので、マンガに関しては「日本マンガの消費」の方が圧倒的に多い。

冒険物語やSF風のものは当然としても、典型的な日本の家庭が舞台であったり、学校生活であったり、日本人と外国人の文化摩擦をテーマにしたようなものでも、どんどん翻訳され、日本語の豊富なオノマトペ（擬音語）もなじみのものになっていく。日本のマンガに比べれば、いわゆるアメリカン・コミックのシェアは微々たるものだ。ディズニー映画のキャラクターなどが関連グッズも含めて広く消費されているのは日本と同じだけれど、日本のマンガとフランスの若者たちとの出会いはまるで一五〇年前のジャポニスムの熾火《おきび》が再び炎をあげたかのようだ。コロナ禍での「鎖国」やそれぞれの専門にかかわらず、現在のフランスの大学生に「理想の留学先」を訪ねるとほとんどが迷わず「日本」と答える。私のところにも、高校生や大学生や社会人の若者が日本語の個人レッスンを受けに来るようになった。昔と違って、皆がネットによってすでに文字も発音も理解し、好きなマンガを抱えてやってくる。彼らがこれからの日仏関係を支える草の根となると思うと頼もしく、嬉しくなる。

「ワーキングホリデー」と日仏カップル

「ワーキングホリデー（通称ワーホリ）」の制度は、若者に、期間限定で滞在国での労働可能のビザを与える制度だ。給費留学などと違って、門戸がより広く開かれている。ワーホリの始まりは一九八〇年のオーストラリアとの間のもので、その後、ニュージーランド、カナダなどへと広がったが、一九九九年には韓国の後で、ヨーロッパで初めてフランスと協定が結ばれることになった。初年度の定員は二五名だったが、日仏交流一五〇周年の二〇〇八年から定員が一五〇〇人に増やされている。動機作文の提出が求められるが、さまざまな若者が日本とフランスの交流を深めることになった。

日本にワーホリで滞在している若者の国籍は、突出して多い韓国、台湾に次いで、フランスが三番目で、オーストラリアやイギリスからの若者よりも多くなっている。アジアでもなく英語圏でもなく文化や言語の違いが大きいことを考えると、フランスの若者の日本志向がはっきりとうかがえるだろう。ワーホリで日本に来てから、滞在許可を取得し、定住を試みる若者も少なくない。日本人と結婚する人もいる。戦後の日本は、大都市では核家族が普通で宗教的な帰属感も薄い。一九六八年の五月革命以降のフランスと似たような空気感だから、ハードルが低いと言える。また両国に長く続く互いへのプラスイメージも働いている。

一般に「国際結婚」や「異人種間結婚」においては、男性側の文化が優勢に働くと言われる。そのために「黒人男性と白人女性」のカップルはその逆よりも偏見を持たれるし、ムスリムのように男性の宗旨が絶対条件になることもある。ところが、日本にやってきて日本人女性と結婚するフランス人男性の場合は、「日本文化」に同化するケースが多い。その例の一つがギタリストのクロード・チアリだ。すでに一九六四年の『夜霧のしのびあい』（邦題）の世界的なヒットによって有名だった彼は一九六七年に初来日、一九七五年に日本で白系ロシア人とのハーフの女性と結婚していた。彼は永住権だけでなく帰化を望み、子供にも日本国籍を与えたかった。当時の日本は、主として旧植民地の国籍を持つ在日男性と日本女性の結婚によって生まれた子供には日本国籍を与えないという暗黙の指針のため、「日本人の父親を持つ」ことのみが国籍の条件とされていた。永住権にしても複雑で、一定の期間続けて日本に滞在し

クロード・チアリ

なければ申請の資格がないのに、そもそも永住ビザがないと定期的に日本から出なくてはならないという矛盾がまかり通っていた。

チアリは、日本の国籍法が男女同権を明記する憲法に違反していると訴えて、運動を起こした。フランスは慣習法が優勢だったアングロサクソン国と異なり、革命後のナポレオンにより徹底した「法治国家」体制を打ち出した国だ。それまでは、明らかな歴史的バイアスのある国籍法がまかり通っていた日本で、フランス人スターであるチアリが、建前と本音の齟齬をついたのだ。日本人女性を排除する国籍法が違憲であることは明白で、チアリの主張はメディアにも取り上げられることになった。

こうして一九八五年に国籍法が変わり、それまで日本国籍を与えられていなかった日本人の母を持つ「在日二世」らも、国籍を選択することができるようになった。同年、チアリも無事に日本への帰化を果たした。

「ジャポニスム」の歴史遺産

とは言っても、日本発のマンガやアニメやゲームに親しみ日本に憧れる若者は、全体として都会の恵まれた家庭に育った子供たちだと言えるかもしれない。そういう「日本好き」な子供や若者ばかりとつきあってきたことに気づいたのは美容院である見習いの女性と話した時のことだ。私がもうすぐ日本に行くからと言ったら、彼女は大いなる好奇心を持って質問を発してきた。「日本に言ったら観光はどこへ行きますか」と聞かれて、「いや、私はまず友人たちと会ったり買い物したりするのが優先で」と答えたら、「そうじゃなくてもしフランス人を連れていくならどこへ連れていきますか、何がありますか」と問い直された。特に日本に興味がありそうにも思えなかったので「ああ、それなら、例えばパリでもカテドラルとか教会とか伝統的な建物を日本人が観光するように、日本でも京都とかで仏教の古いお寺がたくさんあるのを見るとかね」と無難に答えた。

するると、次の質問が、「日本人と中国人が憎みあっているというのはなぜですか」というので驚いた。はじめて耳にする質問だ。思わず丁寧に答えることになった。

「そんなことはないですよ。ただ、フランス人とイギリス人が全く違うように、メンタリティは全然違います。でも、どっちがいいとかではなくて、違うでしょう。それと同じ。けれど、中国では政治的な理由で反日教育もなされているから、その中で育ってきた人は日本について悪いイメージを持っているかもしれません。全体主義的な国は国民をまとめるために国の外に分かりやすい敵を作るのが普通なんです。日本の文化は中国から大きな影響を受けているし、とても近い関係ですから日本が中国を憎むなんてことはあり得ません。ただ、今の中国の統治システムは私には耐えられないので中国で暮らしたいとは思いません。でもそれは中国だけでなくそういうシステムの国やそういうシステムから利益を得ている人たちが嫌いなんです。だから、やはりそういう国から移民や亡命してきたフランスにいる華僑の人などとはむしろ親しいです」

「日本に暮らすのとフランスに暮らすのとどちらが好きですか？」

「どちらも居心地がいいです。私にとっては。二つの国は似てるんです」

彼女は「えっ」と驚いた。そこで私は、二つの国が全く違う歴史があるにかかわらず、私が生きてきた時代に関しては、そのフラットな多様性が似ていることを説明した。フランスの多様性は共同体主義の排他的な多様性ではなくて「何でもあり」で、「伝統宗教」の宗派性も薄い、それは日本も同じだと話すことになった。フランスの田舎のカトリック教会に仏教の僧侶が入ってきても、不審に思われたり排除されたりすることはない。好奇心を持たれても、「差別」されるということはない。日本のお寺に外国人の神父さんのような人が来ても同じだし、むしろ親切にしてもらえる。一般に、誰が何の宗教を持っているかなどということは社交上の問題にならない。

彼女は私の話にいたく納得したようだった。それから、日本の「さくら」の季節に憧れがあること、ジベルニーのモネ美術館で日本の浮世絵のコレクションを観て関心を抱いた、などと話してくれた。マンガは読まないしゲームもしないという。でも、マンガがなくても、一九世紀のフランス人画家が残してくれた「ジャポニスム」の歴史遺産は、若い美容師見習いの女性の感性にまで伝わっていって、親日的な若者を育ててくれたということだ。

第3章

アメリカが大嫌いなフランス人

アメリカの無差別空爆で死んだフランス人が何人もいる

一九七〇年代、パリの学生街のカルチエラタンで、第二次世界大戦の記録映像が併映されていた。館内は満員だった。特攻隊の攻撃が映写された時は居心地が悪かったのだけれど、ゼロ戦が突っ込んでアメリカの戦艦に火煙りが上がる度に観客がブラボーと言って手を叩いた。その時の衝撃は忘れられない。学生街であるカルチエラタンだ。数年前には五月革命で学生たちが投石しベトナム戦争の反対デモがあった場所だ。日本の大学の学生運動でも、特攻隊賛美などあり得なかった。しかしその時の若い観客たちの歓声はごく自然なものだった。サッカーのチームがゴールを決めた時のようだった。けれどもそこには、確かに第二次世界大戦での「アメリカの所業」に対して共有されていた批判があった。フランスは原爆投下の後にすぐアルベール・カミュによる非難の記事をメディアが載せた国だ。

　実は、第二次世界大戦下のフランス人の戦死者、特に民間の被害者の大半は、アメリカ軍による空爆によるものだった。ノルマンディやブルターニュの港も町も、ドイツ軍の兵《へい》站《たん》に使われた鉄道や駅の町も、無差別に攻撃された。「アメリカ軍は攻撃対象の選別をしない」というのはすでに知られていた。そのことは、半世紀後の「国連軍」などで米軍と行動を共にしたフランス空軍の士官も証言している。

ノルマンディの空爆から避難しようとした子供連れの母親は米軍の砲弾の爆風で七歳だった末っ子を吹き飛ばされた。傷ついた市民や子供たちの手当てを試みたのはドイツ軍の医官であり、アメリカ軍は何もしなかった。そのような無数の証言を私もその後聞くようになり、爆撃や被害の実態を調査する記録が公になるのは半世紀以上後のことだった。

フランス軍が自ら自分たちの特殊性だと今も自負しているのは、軍隊と医療の関係だ。フランスは、革命以来の教育社会主義とでもいえる国で、医学部、歯学部、薬学部は国立大学内にしかない。決められたカリキュラムで学び、一年目の多肢選択式テストによって進級（二度以上は受けられない）できた一割ほどの学生が、大学病院での看護研修や各分野の研修を経て五年後の記述と口頭試問の国家試験の成績順に振り分けられる専門分野と研修先でさらに四年の研修を経て博士号取得というシステムだ（今は医者不足のため難易度が緩和されている）。学費はほぼかからない上に各研修では対価が支払われるから、親の経済力とは関係なく学べる。無償という点では、それとは別に、軍隊に属する医学部というものもある。もちろん一般と同じ国家試験を受けなくてはならないが合格のための補習も受けられるし、在学中は軍事訓練も受け、医師として卒業した後も一定期間は軍医として働く義務が課せられる。

軍隊には陸空海をまたぐ特殊作戦部隊というのがあり、そこにも、必ず医師や看護師が配属されて特殊訓練を受ける。重荷を担いだ行軍や、最大四メートルの高さから飛び降りる訓練などがある。特殊作戦部隊には三〇匹の犬も配属されている。特殊作戦の現場では、医師や看護師も命令に従うわけだが、負傷者が出た時には、仲間や被害者だけでなく、敵でもテロリストでも犬でも、作戦の遂行に支障がない限りは全員を区別なく救助したり手当てしたりする任務を負っている。

内部に医療者をかかえるというのはフランスの特殊部隊の特徴だそうで、二〇二二年暮れからアンヴァリッドの軍事博物館で家族へのインタビューを含む特別展が開催された（特殊部隊は諜報機関とは違ってその存在やメンバーのアイデンティティは保護されてはいるが秘匿されているわけではない）。軍隊のようないわば「国家権力による暴力装置」のようなところに「倫理」や「道徳」が組み込まれているのは、フランスの長い戦争の歴史から得られた教訓と、死に際して従軍司祭を必要としてきたカトリック文化に由来するものだろう。大きく強い者が勝ち、勝った者が正義であるという単純な弱肉強食文化に支配されてきたアメリカなどの新大陸とは一線を画している。

戦争と人種差別

一八九四年、フランス陸軍参謀本部の大尉であったユダヤ人のアルフレド・ドレフュスがドイツのスパイであると告発された事件は日本でも有名だ。ナポレオン三世の第二帝政での普仏戦争に敗れて第三共和制に移行したフランスでは反独感情が強かった。ドレフュスは公開で官位を剥奪され終身禁固刑となった。この冤罪《えんざい》を非難して作家のエミール・ゾラが大統領に向けて軍の不正を糾弾する公開状を新聞の第一面で発表し、後の釈放、再審と無罪判決につながったこともよく知られている。日本人の多くは、このことをヨーロッパにおける「ユダヤ人差別」の一例だと位置づけるかもしれないが、それではフランスの特殊性を見落とすことになる。当時のフランスに反ユダヤ主義運動があったことは事実だ。けれども、ゾラなどが堂々とそれを弾劾する自由があったことは忘れてはならない。知識人だけでなく芸術家の社会参加の影響力の大きさもフランスの特色だ。

しかし、何よりも、ヨーロッパの他の国ならば、そもそもユダヤ人が軍の士官の地位に上り詰めること自体が考えられない。ドレフュスはナポレオン以来のフランス公教育のエリートで、頂点となる士官学校の出身であるからこそその地位にあったので、同窓生のネットワークも彼を助けた。フランス革命の後で発せられた人権宣言はすべての人間が出自に関わりなく同じ尊厳と権利を有するとしたものだが、そこに「ユダヤ人」も含まれるのかというのが当時すぐに議論された。ヨーロッパ中のユダヤ人が固唾《かたず》をのんで見守っていたが、共和国政府はユダヤ人も「自由・平等・博愛」に含まれることを宣言した。百年後にドレフュスが「ユダヤ人」ではなく「共和国エリート」として大尉となっていたのは、その後の歴史（王政復古や二度の革命や帝政など）の変遷にかかわらず、「共和国の普遍主義理念」が生きていたからだ。

と言っても、そもそも、ヨーロッパにおける「ユダヤ人差別」を最初に生んだのは同じフランスのルイ九世（聖ルイとしてカトリック教会で聖人の称号を得ている）だった。

ユダヤ教から派生したキリスト教がローマ帝国の版図に広がっていく中世以前の歴史は別として、十字軍以前の西ヨーロッパでは、事実上ローマ・カトリックしかない庶民とユダヤ人たちがまったく区別なく暮らしていた。見た目も服装も暮らし方も変わらず、職業も自由で普通に結婚もしていた。その後に大問題となり今でも続く洗礼の有無や割礼の有無なども事実上看過されていたという。これは後にフランスの植民地となる北アフリカのマグレブ諸国（アルジェリア、チュニジア、モロッコなど）でもそうで、ムスリムもユダヤ人も同じアラブ文化と風習の中で共生していた。

ところが、聖地エルサレムがイスラム教に占領されてキリスト教徒が巡礼できなくなったということをきっかけに、十字軍が始まり、それと同時に、「新興のイスラム教の他に、そもそもイエスを殺した内なる敵」であるユダヤ人も一掃すべきだ、遠征しなくても、身近にいるユダヤ人を摘発しようと大規模なユダヤ人狩りを提唱したのがフランス王ルイ九世（聖ルイ王）だったのだ。ヨーロッパの他の国もそれにならうようになった。領邦国からなるイタリアやドイツ、イスラムに侵略されたスペインと違って、中央集権的な「王国」であったフランス王の掛け声は、ローマ教会からも支持された。ところが、当時、すでに同化して長く、外見からは区別がつかないユダヤ人とヨーロッパ人を見分ける必要があり、その基準が設定された。教会の壁画などに残る「プロパガンダ」のキリスト磔刑図のそばには、「魔術師のような三角帽をかぶってかぎ鼻を持つ背の低いユダヤ人」の姿が次々と描かれた。黄色い三角のシンボルも衣服に付け加えられた。イエスや彼の弟子もみなユダヤ人だったという認識は当然存在しない。ローマ・カトリックでは長い間イエスのユダヤ性は語られてこなかった（イエスを処刑したのがローマの執政官やローマ兵だったという「不都合」をカムフラージュするために「イエスという神」対「神殺しのユダヤ人」というレトリックが定着していたのだ）。

それからのヨーロッパ史の中で、この時に作られた「ユダヤ人の特徴」が根強く残ったのは思えば驚くべきことだ。非ヨーロッパ人である日本人の目から見れば立派な「かぎ鼻」を持つ白人はたくさん見かけるし、外見での区別などつかない。もちろん、作られた「外見」の差別だけでなくのちには職業差別も起こり、土地を所有することもできず、「強欲な金貸しのユダヤ人」のイメージも生まれた（それは今も医学と金融業におけるユダヤ人の利点となり、それがまた嫉妬、偏見、陰謀論などを生むという悪循環が起きている）。

こうしてユダヤ人は一時ヨーロッパからほぼ一掃されることになった。しかし、たとえばスペインが再征服したイスラム圏イベリア半島から、ムスリムと共存していたユダヤ人が「追放」されたので、再びヨーロッパ各地に散らばることになった。「改宗」組もいた（オランダのスピノザやフランスのノストラダムスもこの流れでやってきた）。

つまり、「反ユダヤ主義」を「発明」した聖ルイ王の国フランスが、フランス革命では一転して、すべての人間は出自にかかわらず同じ権利を持つ「市民」であると宣言したわけだ。反ユダヤ主義も差別撤廃も、フランスはいつも「自国」のことだけでなく「普遍」を宣言する。ヨーロッパ中のユダヤ人が期待する中で、一七九一年、ユダヤ人は「市民」となった。

同時に、フランスによる北アフリカ諸国の植民地化の下で、そこで昔のヨーロッパのように共存しながら暮らしていたユダヤ人がムスリムと差異化されたことで新たな確執が生まれた。その後もホロコーストを行ったナチスに協力したヴィシー政権の「過ち」があり、さらにイスラエルの建国によるパレスティナの争いがあり、ムスリム系旧植民地からの移民の多いフランスでの新たな反ユダヤ主義が息を吹き返したなど、問題は複合的だ。反ユダヤ主義は、もはや「神殺し」という宗教的口実とは関係なく、近代人種差別主義の「反セム主義」に姿を変えている。

注目したいのは、フランスがこのような、過ちと訂正、試行錯誤、失敗と負の遺産などを抱えた何層もの歴史を「国」として抱えていることが「自覚」されているということだ。これはアングロサクソン国の内部で敵対する共同体同士の戦いで互いを非難し合うようなタイプのものではない。全ての「不都合な過去」をキャンセルすればいいという単純なものでもない。多くの罪を重ね、闇や傷を抱えているからこそ、善悪や白黒の二元論とは相容れない「混沌」が生まれ、それが「文化」の構成要素になっている。だからこそ、やはり、古来いろいろな戦い、侵略、政治形態を繰り返しながら似たような種族が狭い場所で生きてきた日本と通ずる部分があるのだ。歴史の浅い国、あるいは「独善」的理念を掲げた「権力者」が作りあげたまま存続した「国」の国民性の分かりやすさや決めつけによっては統御できないのがフランスや日本なのだ。

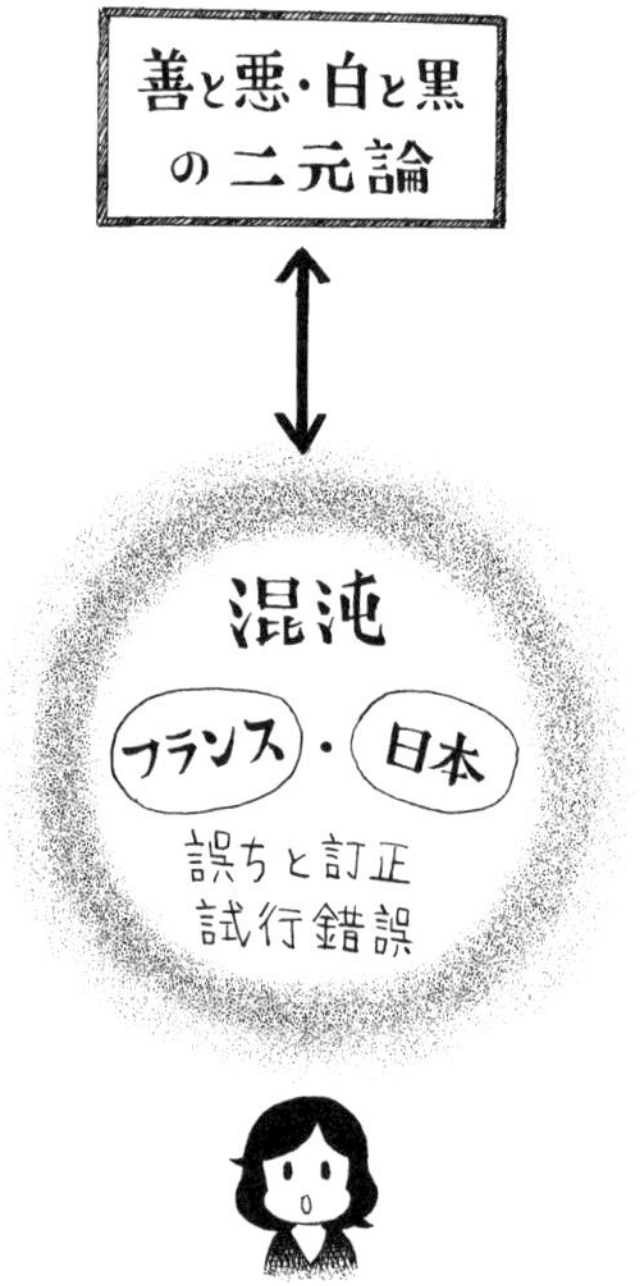

第二次世界大戦で、在米日系人が強制収容所に送られた事実は有名だ。米軍の徴兵に応じることを拒否してアメリカを追われた日系の若者もいる。フィリピン系の若者は、フィリピンに送られて祖国アメリカのために日本軍と戦った。当時の日本軍は少なくとも建前としては、フィリピンなどアジア諸国を西洋の国から解放するために派兵していたわけだが、結局アジア人同士が戦うことになったのだ。当時のアメリカではアメリカ人同士の「異人種間」の結婚が禁止されていた。「・・系」アメリカ人は、「・・系」同士でまとめられながら「アメリカ人」の愛国心と義務を叩きこまれていたのだ。

対照的な運命――ボグダノフ兄弟とイサム・ノグチ

フランスで一卵性双生児の科学者としてテレビ番組を通して有名だったボグダノフ兄弟が新型コロナに罹患して七〇代で相次いで亡くなった。彼らが有名になったのは、独特の外見と一卵性双生児というインパクトと共に科学について啓蒙的な分かりやすい解説番組や本が評判になったからだ。けれども実はそれ以前に彼らをスターにする豊かな人脈があった。彼らの祖母はヨーロッパの有名貴族だったが、奔放で行動力があり、アメリカに住んでいた時に、当時アメリカの白人との結婚を許されていなかった黒人男性との間に一人娘をもうけた。それがボグダノフ兄弟の母だ。母はハーフで兄弟はクォーターということになる。

祖母は彼らをパリの社交界に送り込んだ。もともとヨーロッパの王族も貴族も、政治上、外交上の必要もあって、国境を超えた複雑な「閨閥」を作っている。ルイ一四世の王妃はスペイン王フェリペの娘で、ルイ一六世の王妃がオーストリアのマリー＝アントワネットだということなどは日本でもよく知られている。革命後のフランス、第三共和制以降のフランスには「貴族」という身分は公には存在しないが、国境を超える「家系」は健在だ。その上、「共和国」独特の普遍主義によって、人種や国籍も問わない疑似貴族がネットワークを築ける独特の場所だ。そこにはもちろん

美容施術によって晩年は別人のようになってしまった

ボグダノフ兄弟（若い頃）

新興マネー貴族も芸能人も入ってくる。

祖母の後ろ盾で社交界に受け入れられたボグダノフ兄弟は、必要なすべてのマナーを身につけ、多くのセレブと交流し、豊かなコネ、人脈が形成された。テレビ出演に誘われた時に、話がうまく、見た目も美青年でしかも一卵性双生児、最初はテレビでバラエティの「いじられ役」も受け入れるほどの余裕だった二人は、その後、科学番組（SF解説）の人気パーソナリティとなった。晩年は整形手術を重ねるなどスキャンダラスな行動もあったが、最後まで多くのセレブの友に囲まれていた。

コロナ禍以後も、ワクチン未接種のまま、七〇代にして持病もなく健康で、自己免疫力に自信を持っていて、デルタ株に感染して発症してもなかなかそれを認めず、入院を拒否したことで手遅れとなった。社会的な地位と名声と豊かな人脈と家系の絆がある「セレブ」が黒人の祖父を持つということは最後まで全く話題にされなかったのは、きわめてフランス的だと言えるだろう。

そんなボグダノフ兄弟と対照的な運命をたどったのが、彫刻家のイサム・ノグチだ。イサム・ノグチは日本人と白人アメリカ女性との間に生まれた私生児であり、幼くして日本に来たが、一四歳でアメリカに戻り、アーティストとしての道を進み、パリにも留学し、

イサム・ノグチ

際人だった。

父の姓を名乗るようになった。パリでは、彼の「混血」が支障にならないどころか、国際人としての自由の証になったのだ。母のレオニーもパリのソルボンヌに留学経験のある国際人だった。

アメリカに戻った後、第二次世界大戦が勃発した。この時、在米日系人が強制収容所に入れられたことはよく知られている。兵役を拒否した日系人は国籍を奪われて日本に送還された。この時、例えば、前述したように、在米のフィリピン人は、兵役でフィリピンの戦場に送られて「祖国アメリカ」のために「日本軍」と戦わせられている。当時の日本の戦争の「名目」は、アメリカの植民地のフィリピンなど、アジアの国を欧米から「解放」して大東亜世界を創建することであったから、皮肉だが、アジア系アメリカ人にはアメリカ人としてのアイデンティティが叩き込まれていたのだ。それなのに、異人種間の結婚は認められていない。だからイサム・ノグチは「純粋」な日系人ではない。

にもかかわらず、彼は自分から志願してアリゾナ州の日系人強制収容所に拘留された。しかし、白人との混血であることから日系人社会でアメリカ側のスパイだと噂され冷遇された。そのために、出所を希望したが、今度はアメリカ政府から日本人であるとみなされて出所を阻まれることになった。アーティスト仲間の嘆願書により出所した後はニューヨークのグリニッジ・ヴィレッジにアトリエを構えた。戦後、広島平和記念公園の慰霊碑のデザインに応募して、ノグチのデザインが選ばれたが、原爆を投下したアメリカ側の人間であるとの理由で実現しなかった。その経歴から言っても、日米の戦禍を超えて平和を希求する最適の人物であったろうに、国籍によって拒まれたのだ。イサム・ノグチは一九六四年に、前年に暗殺されたケネディ大統領の墓所のデザインの設計にも関わったが、その時は「日系」だという理由で却下されている。

自由フランス軍の中尉になったジョセフィン・ベーカー

イサム・ノグチと同世代のアーティストであるジョセフィン・ベーカーは、アメリカで

ジョセフィン・ベーカー

スペイン系ユダヤ人の父と黒人の母の間に生まれた。第一次世界大戦後、黒人のショーのメンバーとなってヨーロッパを巡業していた時にフランスでは「褐色の女神」ともてはやされた。しかしアメリカではハーフは黒人として人種差別され続け、第二次世界大戦勃発の前にフランスで市民権を獲得した。その後フランス北部がドイツに占領されてからはレジスタンス運動にかかわり、自由フランス軍の中尉にもなった。戦後はアメリカの公民権運動を支援し、フランスで、様々な人種の子供たちを養子にして育てたことでも知られている。つまり、共同体主義をとらないフランスでは出身国や人種の異なるカップルやその子孫への偏見がないどころか、普遍主義のシンボルとして好意的に見られるという文化があったのだ。

「非白人」スポーツ選手と「東アジア系」政治家

二一世紀になってもその基本は変わらない。アメリカ人のテニス選手セレナ・ウィリアムスは黒人として女性として頂点を極めた、と評されたが、柔道最重量級の世界王者であるフランス人のテディ・リネールやクラリス・アグベニェヌは「フランス人」と言われるだけで黒人などと形容されるのを聞いたことがない（ちなみにフランスの柔道人口は日本より多い。もともと個人主義の国だから、一対一のスポーツに向いていると言われる）。

サッカー選手のジネディーヌ・ジダンもベルベル人移民の子孫だが、「アルジェリアとの二重国籍人」だなどと言われることはあり得ない。ユニヴァーサリズムが国是の国だから、公的な人種別統計も禁止されているし、いわゆる何々系フランス人という言葉も建前としてはない。

「移民の子弟」や「奴隷の子孫」のいる海外県出身のフランス人が差別されないだけでなく、非白人の「養子」にも差別はない。アメリカではオバマ大統領が合衆国内で生まれたという出生地の証明を求められたが、フランスでは成人してからフランス国籍を申請した二重国籍者でも政治家になれる。スペインの改宗ユダヤ人の家系に生まれたマニュエル・バルスは二〇歳でフランス国籍を取得して首相にまでなったし、パリ市長のアンヌ・イダルゴはスペインから移民してきた両親と共に一四歳でフランス国籍を取得、その後スペイン国籍も回復している。

子供ができなかったフランス人夫婦の養子として育った「非白人」の有名人には一九九〇年代にフランス選手権や欧州選手権で何度も優勝した女子フィギュアスケート選手のスルヤ・ボナリーがいる。彼女が世界選手権で最高の技術点を叩き出しながら一度も優勝できなかったのは、伝統的な優雅さと美しさを重要視するアメリカ人審査員が芸術点を低くしたからだと言われていた。柔道のような勝ち負けのはっきりしている競技で何度も優勝できたテディ・リネールにはない壁があったのだ。

いわゆるアジア人に対しては、旧植民地の仏領インドシナ出身の人も、東アジア人に対しても、目立った偏見は感じない。共同体を作るいわゆる華僑などは確かに目立つけれど、特に、私の交友範囲であるアーティスト系やインテリ系のカテゴリーはもともと国籍も含めて多様性が高いので「差別」を意識することはなかったし、ビジネス界でも今は完全にグローバルになっている。新自由主義路線が広まるまでは、アングロサクソンのビジネスマンはフランスでは完璧なフランス語を話した。英語なまりのフランス語は日本語なまりのフランス語よりもずっと聞き取りにくいのだが、少なくとも、文法的に完全でなくては対等に扱ってもらえない時代が一九八〇年代半ばまで続いていた。その頃までは、フランス人の子供の第一外国語はドイツ語選択がエリートだと言われていた。文法的にずっと単純化した英語（しかも英語の語彙の多くは、十一世紀にノルマンディ公ギヨーム（ウィリアム）がイングランドを征服してノルマン朝を開いたことによって定着したフランス語のものだ）よりドイツ語の方が名詞の格変化などがあって修得が難しいからだ。

でも、例えば、政界などでは移民出身とはいえやはり圧倒的に「カトリック文化圏の白人」が多いのだが、「東アジア系」でも政治家として活躍した人たちがいる。

近年、目立つ存在だったフラール・ペルランとジャン＝ヴァンサン・プラセは、フランスの名前だけれどどちらも韓国で養子として引き取られたという出自を持つ。

一九七三年生まれのフラール・ペルラン女史は、オランド大統領の社会党政権での文化とコミュニケーション担当大臣だった。生後数日でソウルの街角に捨てられていたのを養護施設に引き取られ、生後六ヶ月でフランス人原子核物理学者の家庭の養女となりフランスで育った。その後は何の問題なく高学歴と高い地位を得てメディアによく登場した、若く美しい人だ。

もう一人のジャン＝ヴァンサン・プラセは、民主党と緑の党合併のリーダーで、ペルランの少し後に改革担当国務大臣として、彼もメディア露出度が高かった。

やはりソウル出身で、ペルランより五歳上の一九六八年生まれ。七歳の時にフランス人弁護士夫妻の養子となってノルマンディで育ち、一九九二年にフリーメイスンのグラントリアン（大東社）に入会し、急進左派の政治活動を始めた。一九九九年に緑の党に転向、以後、地方議会や欧州議会の緑の党リーダーとなり、上院議員にも当選した経歴を持つ。

ペルラン女史がすらりと美しいのに、彼の方は、年のわりにでっぷりとして政治家としての迫力や風格がない。日本で人気の韓流スターなどの爽やかさとは程遠かった。東アジア系フランス人政治家はこの二人しかいないのだから、日本人としては「外見」が気になったが、出自について話題になることはなかった。ニコラ・サルコジなどは名前（サルコジはハンガリー名で、母は改宗ユダヤ系のギリシャ人）からも「生粋のフランス人」ではなかったが、大統領の地位に昇りつめた。

プラセは後に、深夜に酩酊状態で人種差別発言をして暴力を振るい逮捕されるという事件を起こした。パリのバーに議員と一緒に入り、十代の女性に、議員と踊るなら金をやると言った。バーのガードマンが止めに入ると、「ここはマグレブ（アルジェリア、チュニジア、モロッコなど北アフリカのアラブ国）じゃないぞ、朝の便でウガドゥグー（これはいわゆるブラックアフリカの旧フランス植民地ブルキナファソの首都）に送還してやる」などと、アラブ人も黒人も区別せず人種差別ヘイト発言をしたという。駆けつけた警官までをも罵倒して、逮捕され二日間拘留された。自分もいわゆるマジョリティの白人ではないのに共和国政策でエリートコースを進んで国務大臣にまでなった人が、人種差別をむき出しにしたわけだ。

　極右政治家ではなく、社会党内閣の一翼を担っていた人だ。あまりにも自然に「普通のフランス人」になって権力の一端まで握ってしまうと、低劣な差別主義の本音を抱えたらしい。「見た目」がアジア人でも完全なフランス人政治家なのに、フランスの共和国主義ユニヴァー

ジャン=ヴァンサン・プラセ　　フラール・ペルラン

サリズムを否定する失態は残念だった。

米軍から自国が受けた被害に対して謝罪を求めず

ともあれ、フランス式の普遍主義は、日本で生まれ育った「在日朝鮮人」でも権利を制限されるような日本とは対極にあるものだ。それでも日本人とフランス人が「相愛」でいることを妨げるものではない。なぜなら、見てきたように、アラブ・アフリカ系の旧植民地でイスラム文化圏出身の外国人は昨今のイスラム過激派のテロリズムのせいで警戒されることが多くなったとはいえ、アジア人はそれだけでは差別の対象にならない。特に日本とは、旧植民地でもなく中国のように租界や租借地を置いた国でもないから軋轢《あつれき》がないし、シルクロードの終点で独特の変異を遂げてきた文化が江戸時代の鎖国でさらに醸成され、他のアジア諸国とは異なる成熟と洗練がフランス人を惹きつけた。

一方、日本は、同じアジア人でも、差別するか共同体から排除するような国だし、イサム・ノグチの例でみたように、「異人種」との「混血児」も差別されるような時代が長く続いた。第二次世界大戦の間は「鬼畜米英」と刷り込まれた。「戦後」はアメリカに占領され、「独立」してからもアメリカの「核の傘」に頼った。アメリカの物質文化の圧倒的な「豊かさ」への憧れと、「鬼畜米英」の記憶と、市街地への原水爆投下という明らかな「戦争犯罪」を一度も「謝罪」されないしさせもしないという関係が固定している。

それに比べると、フランスに対しては、歴史の確執が圧倒的に少なく、実は「アメリカ軍による被害への恨み」まで潜在的に共有している。フランスが、ナチスからの解放という名目でアメリカ軍から自国が受けた被害に対して、公式の謝罪を求めることのないままでアメリカの支援によって経済復興に専念してきたのは日本と同じ事情だ。それでも被爆した日本に対しては、一九五九年にマルグリット・デュラス脚本でアラン・レネ監督の『二十四時間の情事』(ヒロシマ・モナムール)という日仏合作映画が登場したように、広島を通した「反戦」への共感は隠されることなく続いていった。

日本人にとって重要な視点として、フランスとアメリカの人種差別の違いについてさらに述べよう。

日本が提起した人種差別撤廃案に賛成票を投じたフランス

二〇世紀初頭、日本は帝政末期であったロシアとの間で始めた日露戦争を優勢で終えて、非白人国がはじめて白人施政国に軍事的優位に立つという衝撃を「欧米」に与えた。その前に日清戦争での勝利とその後の「遼東半島割譲」の要求に対してロシア、ドイツ、フランスから「三国干渉」があったことが背景にあった。この時のフランスは、すでに普仏戦争に敗れた後でナポレオン三世の「帝国」から「共和国」に切り替えた時期だから、三国干渉に加わったことに関して、少なくとも「日本」に対する差別感はなかった。むしろ自国の他の植民地政策や清国での列強による利権争いという情勢の中で「日本は特別」という意識が強化されたといってもいい。

その後も、ヨーロッパにおける軍事拡張と争いは続き、第一次世界大戦が起こったが、日英同盟を結んでいた日本はイタリア、フランス、ロシア、アメリカも含む連合国に参加した。最も熾烈な戦いがあったのはドイツとフランスの国境線だった。連合国側が勝利してパリ講和会議が行われたが、ドイツへの「報復債務」を負わせる空気が支配し、日本やイタリアは積極的にかかわることができなかった。それでも、ヨーロッパにとって大きな被害をもたらした戦争が繰り返されないようにと、アメリカ大統領のウッドロー・ウィルソンが提案した国際連盟の創設が議論された（結局アメリカは連邦議会に否決されて国際連盟の加盟国とはなっていない）。日本には戦勝国の一員として英仏伊とともに決議執行権を持つ常任理事国というステイタスが与えられていた。その「国際連盟委員会」で、日本が提案したのは、国際連盟規約中に人種差別撤廃を明記するべきだということだ。規約には武器取引や捕虜の扱い、ヨーロッパの少数民族保護などが盛り込まれていたが、人種差別撤廃は日本からしか提案されなかった。アメリカで差別されていた黒人の差別撤廃活動家たちはこれに注目した。

特に反対したのはイギリスで、オーストラリア、カナダなどの大英帝国自治領も反対した。イギリスのバルフォア外相らは個人的には理解するが、中央アフリカの人間がヨーロッパの人間と平等だとは思えない、日本はすでに常任理事国の仲間なのだから連盟規約前文に「各国民の平等及其の所属各人に対する公正待遇の主義を是認し」と入れる必要はないとした。一六名の投票の結果、フランス代表・イタリア代表各二名、ギリシャ・中華民国・ポルトガル・チェコスロバキア・セルビア・クロアチア・スロヴァキア王国の一名ずつの計十一名の過半数が賛成したが、イギリス・アメリカ・ポーランド・ブラジル・ルーマニアの各一名の委員が反対し、ウィルソンが、全員一致でないため不成立であると宣言した。

国際連盟規約は一九一九年に採択され、翌年発効したが、日本はその後も人種差別撤廃の提案を続けた。投票の度に賛成票を投じ、いつか日本の主張が正しい日が来るだろうと報じられた。フランスは、フランスも植民地大国であったが、人権宣言による普遍主義の理念を掲げている限り人種差別撤廃に表向きに反対することはできなかったし、すでにエリートの間に親日感情があったこともその姿勢をとらせた。

一方、一九二四年にはアメリカで「排日移民法」が採択され、日米の関係は最悪となりつつあった。第二次世界大戦に伴って、日系移民が強制収容所へ追いやられたことも、原爆投下もその延長だったと言えるだろう。

国際連盟から脱退した日本は、報復的な制裁を受けていたドイツと同盟関係を結んで英米仏から離れることになるが、フランスの理念である「普遍主義」に基づく人類の平等は国際社会で日本が最も必要としていたことだった。幕末以降の「世界の中の日本」が、欧米植民地主義全盛の時代に生き延びる手立てとなると期待されたのが「共産主義」と「キリスト教」の二つである。前者は「超越神」は立てないものの、後者のヴァリエーションとでもいうべきもので、いずれも、「同志」や「きょうだい」には人種や出自は関係がないとするユニヴァーサリズムを旗印にしていたからだ。実際は理念と現実は別物だったわけだが、少なくともその理念こそは「近代日本」の依るべきものだとした慧眼の政治家は少なくなかった。

明治の国家神道もまた、一神教をモデルにした四民平等をベースに作られたから、「天皇」は「キリスト教の神」の理念を体現するべきだった。昭和天皇は皇太子、摂政時代からユニヴァーサリズムを視野に入れた教育を受けてきた。幼少期から少年期に足立たか（クウェーカー派クリスチャン）、少年期から皇太子期に山本信次郎（カトリック、海軍少将、訪欧供奉員、別名「軍服を着た修道士」）、そして、皇太子期終盤から天皇即位後にかけて珍《ちん》田捨巳《だすてみ》（メソジスト派牧師）というように切れ目なくクリスチャンによる一貫教育を受けてきたのだ。しかし、キリスト教文化圏の西洋「列強」も、共産主義革命を実現させたソ連も、いずれも、自らの覇権と利権との飽くことなき追求を隠すことさえしなかった。

日本はドイツの同盟国であったとはいえ、自らも戦っている「人種差別」の一種であるユダヤ人殲滅《せんめつ》作戦には同調しなかったし、フランスも、第一次世界大戦のような甚大な犠牲者を出すことをよしとしなかったペタン元帥（第一次世界大戦の英雄でもあった）が、ドイツの占領を許す停戦に踏み切るなど、「枢軸国」対「連合国」という単純な図式には収まらない経緯をたどった。フランスは、フランス革命により確立した「共和国」をアイデンティティとして採用しているにもかかわらず、その底にはカトリック（普遍）の伝統からくる「神の子」絶対平等主義がある。「自由フランス」を立ち上げてフランスを戦勝国側に位置付けたドゴール将軍は敬虔なカトリック信者だった。フランスが、日本の望んだ「人種差別撤廃」を「政治的判断」だけで斥けることがなかったのも、第二次世界大戦の「戦後」を単純な勝者敗者、善悪二元論で切り捨てることなく慎重にサバイバルの道を探ったことも日本と共通している。

東京裁判でのフランス

第二次世界大戦末期の混乱を除いて、フランスと日本の間には軍事的な衝突の歴史がなかった。日本軍が仏領インドシナを占領していった頃にはフランスは日本の同盟国ドイツと協力するヴィシー政権下にあったからだ。仏印政府と日本はむしろ軍事的にも経済的にも協力関係にあった。後に、「自由フランス」が連合軍に加わった後でも、日本は仏印政府を独立したものと見なして武力衝突を避けたし、仏印での最高戦争指導会議はたとえ「武力処理をしても、フランスと日本が戦争状態に入ったと考えない」という立場を明らかにした。戦後に「自由フランス」がインドシナを再び植民地化しようと戦争に突入した時には、敗戦国日本は当然関わっていない。けれども、第二次世界大戦の「戦争犯罪」を裁く「東京裁判」にはフランスも連合国側として加わっていた。

といっても、東京裁判は米英主導の「推定無罪」どころか先に「死刑ありき」の法廷だった。その中で、フランス人の判事は多数派でないことから判決文の作成にも加えてもらえなかったが、「反対判決」を残し、他の判事たちに向けた多数の覚書が存在している。

東京裁判といえば、インドのパル判事が展開した「日本無罪論」がよく知られているが、英米と同じ白人の帝国主義国であるフランスの判事が、「英米のやり方が間違っている」と断言しているのだ。フランスは、英仏戦争百年戦争中にジャンヌ・ダルク裁判を経験した国だ。ジャンヌを火あぶりにする以外の判決が想定されていない閉じられた空間で彼女は異端性を宣告された。その二五年後、その異端審問が、ジャンヌの敵側だったイギリスの依頼でイギリスの資金によってなされていたことによって、正当性を覆された。異端審問は利害関係のない第三者から申し立てられなければならないからだ。結局、異端判決（正確に言うと戻り異端の宣告）は取り消されてジャンヌは復権した。その後四〇〇年近くも経って、ジャンヌはカトリック教会の聖女の称号を獲得するのだが、カトリック教会を排除したフランス革命の時代にも、ジャンヌ・ダルクはフランスの「戦うヒロイン」であり続けた。第二次大戦の日本人戦犯と百年戦争の「戦犯」ジャンヌ・ダルクに共通点があるとしたら、ジャンヌ・ダルク裁判も実は異端審問の名を借りた戦争犯罪法廷だったと言えることだろう。

東京裁判でアングロサクソンを中心にした多数派の不公正を唱えたフランス人判事アンリ・ベルナールの主張が看過されてきた背景には、彼が天皇の戦争責任を問うべきだったと考えていたことの「不都合」がある。いわゆる「戦後教育」の中でも、天皇が戦争責任を追及されなかったのは、天皇を残した方が戦後日本の統治がたやすかったからだ、冷戦に向かう情勢の中で、アメリカが、天皇を残すことによって日本の共産主義勢力の成長を抑え込もうとしたからだ、という「説明」が普通にされていた。そうでなければ、いくらなんでもすべてが軍部の責任にされたということは戦後生まれの子供たちの目にも不自然だったからだろう。処刑された戦犯たちにしたところで、戦争中は天皇の名において人々に犠牲を求め死に追いやっていたのだから、戦後に天皇を差し出して自分たちの命を救うなどという選択は不可能だっただろう。

たとえて言えば、オルレアンでイギリス人を蹴散らしたジャンヌ・ダルクの目的は王太子シャルルをランスで戴冠させることだったのだから、もしルーアンの法廷で「シャルル七世に戦争責任をとらせればジャンヌの命は救われる」という状況だったとしても、ジャンヌは迷わず自分の死を選ぶということだ。王の命さえ温存すれば自分の果たした大きな使命は無駄にならない。軍部を弁護しなかった天皇は生き延び、ジャンヌ・ダルクの救出に向かわなかったシャルル七世も生き延び、やがて日本は復興し、フランスからはイギリス軍がすべて去った。

A級戦犯は靖国神社に合祀されて物議を醸し、何かと国際的な非難の種にされているが、

ジャンヌ・ダルクは共和国のシンボルとなったりフランスの守護聖女となったりした上に、かつての敵のアングロサクソン系の国でも人気が高い。靖国が民族宗教の神道で、ジャンヌを聖女にしたのが国際的普遍宗教のカトリック教会だという違いもある。実態はどうあれ、カトリックやキリスト教は、本来、人間の人種や身分や国境や時代をも超越する神に絶対の価値を求めるものだ。ジャンヌの異端審問が行われた時代の西欧キリスト教はまだプロテスタントが大きな流れを作らない中世末期なので、イギリス側もジャンヌを裁くためにカトリックのストラクチャーを使ったわけだが、その巨大なストラクチャーがその後の復権裁判だの列聖審理だのをも可能にしたとも言える。

宗教戦争を経てアングロサクソン国や北欧はローマの一元支配を逃れていわばより民主的だが個人主義的なプロテスタント信仰に向かった。カトリック国だから、プロテスタント国だから、メンタリティが違うのだというよりも、最初からラテン的メンタリティとアングロサクソン・ゲルマン系メンタリティが深いところで異なっていたから、ローマ・カトリックの一枚岩が壊れたのだという方が理屈にあっている。

カトリック的社会を維持する方に向かったフランスでは、少数派のプロテスタントがナントの勅令廃止で弾圧されたり亡命したりしたので、近代は「反カトリック」＝「理神論的共和国主義」へと展開し、さらに「反カトリック」＝「無神論」という図式が出来上がってそれは今でも根付いたままだ。アンリ・ベルナール判事が教育を受けた二〇世紀初めのフランスは特にカトリックを牽制する政教分離法が施行された頃だった。世間では、「カトリック＝前近代、封建的、無知蒙昧」というイデオロギー的な切り捨てと、実はもう何世紀も続いていた「良家の子女の教育はなんといってもカトリック修道会系の寄宿学校で」というダブルスタンダードが存在していた。プロヴァンスのイエズス会系神学校で教育を受けたアンリ・ベルナールには強いカトリック・バイアスがあった。両親の意向でもあったという聖職の道を棄てて従軍し、その後法学の道を選んだという。といっても、当時の小神学校は一般的に「良家の息子が入れられる場所」で、その意味ではイギリスのパブリックスクール（全然パブリックではないが）と同じような位置づけだった。多くの少年たちはここでむしろ教会離れをするし、反動で無神論者になることすらめずらしくなかった。

無神論を唱えることはいわば「良家の子女」を卒業して自立する通過儀礼のような部分があるからだ。小神学校とまでいかなくとも、二〇世紀初めにカトリック系の修道会経営の学校で学んだ知識人が最終的に「神はいないんだ」という類の電撃的な悟りを得て、フランスの典型的エリートの道を進むというケースはめずらしくない。二〇世紀半ばに活躍したフランスの知識人の典型は、キリスト教の教養が充分過ぎるくらいありながら、敢えてそれを封印、否定、発展的解消などさせて無神論的「普遍知」の体系を構築しようとした人々だと言える。実際、二〇世紀前半では小神学校出身で、バカロレアを通った後でさらに本格的な司祭養成機関である大神学校に進む者は三分の一でしかなかったという記録がある。だとすれば、アンリ・ベルナールが大神学校に進まなかったことは特に「聖職の道を棄てた」ことを意味しないし、ごく普通の「平均的フランス知識人」だったと思われる。

つまり、慣習どおりに洗礼を受けたりカトリック系の学校に行ったりするが、もとよりフランス革命や帝政や王政復古や七月革命、二月革命などを繰り返しているうちに神とか既成宗教体制などとは社会生活を円滑にする必要最低限の表面的関係しかもたないフランス人ということだ。それでも、彼らはカトリック由来で共和国のアイデンティティでもある「普遍主義」を掲げている。他の国なら「国民の自由や人権を保障する」というところをフランスは「全人類の自由や人権」という大風呂敷を広げるので、移民対策などにおける本音と建前、理想と現実の矛盾や食い違いに足をすくわれるのが現実だ。とはいえ、べルナールの立ち位置が英米法的な共同謀議や法実証主義とは異なる自然法的な概念にあったからこそ、戦後処理裁判という極めて恣意的な場所で「正論」を貫いたわけであり、その背景には幕末以来の日仏関係におけるリスペクトがあったことは看過できない。

【参考】大岡優一郎『東京裁判――フランス人判事の無罪論』文春新書、二〇一二年

共通する自虐的な優越感

日本人は、よく「外人の見た日本人」の類が好きだと言われる。日本語は特殊だとか、日本文化は特殊だとか言われることにも、自負を持っているようだ。欧米のスタンダード（実はアングロサクソンのスタンダードだが）とずれていると言われるのも、まんざらではない。一方で、自国文化を軽視したり、卑下したり、舶来崇拝があったりもするのだが、それは表裏一体となっている。

フランスは日本のような「周縁文化」とは異なる「中華思想」の国だと言われることがある。一六世紀にプロテスタントの台頭によって宗教戦争が全ヨーロッパを襲った時、領邦国家であるドイツが、「神聖ローマ帝国」だとされていた歴史にもかかわらず、カトリ

ック圏とプロテスタント圏に分かれたのと違って、フランスは、司教を選ぶ権利を国王が持つ（任命はローマ教皇）という特権を保持することによってカトリックの中央集権的な「絶対王権」を存続させたからだ。けれども実は、フランスには、日本とよく似た「特殊」意識のもたらす誇りと自虐がある。その経緯を見ていこう。

イギリス国教会も、ローマ教皇の権威から離反はしたが、国王を宗教の首長としたことで「宗教的一体性」を護持することになった。その過程でカトリック王とプロテスタント王の互いの派閥争いもあって、最終的には「フランスの絶対王権」をモデルにする「国教会の首長」制度が定着した。フランス王の始めた「聖油」の塗油により世俗の王権だけではなく「聖別」されて、按手《あんしゅ》の儀式により癒しのパフォーマンスを行うことも踏襲された。カトリックベースの構造を維持する国教会とは異なる大陸起源のプロテスタントであるピューリタン（清教徒）などは排除され、彼らは海の向こうの「約束の地」アメリカに向かうことになった。

けれども、フランスはフランス革命によって国王をギロチン台で処刑してしまった。これは、「神の代理人」として統治していた王権を否定するというためではなく、一市民ルイ・カペーとなることを受けいれていた王一家が「逃亡」を図ったことを裏切りとする政治的判断だった。当時のヨーロッパの王朝は複雑な姻戚関係を繰り返していたので、フランス国王だけが共和国「市民」となることは、他のすべての王侯貴族にとって「不都合」なことだった。ルイ・カペーが生きている限り、革命は危機にさらされる。この純粋な政治的判断は多くの市民に衝撃を与えた。市民がみな王党派だったからというわけではない。当時のフランスには千年も前から土着の宗教と習合した民族宗教としてのカトリックが根付いていた。そしてフランスのカトリック信徒たちにとって「国王」が教会の首長で神の代理だったからだ（革命前にルイ王朝の直轄領となったカナダの「ヌーヴェル・フランス（新フランス）」がそのまま残るケベック州に行くと、「政教分離」のない「王のカトリック」が今でも残っていることは前述した）。

フランス革命は一八世紀末の出来事だが、イギリスでは宗教改革以来、親カトリック王とプロテスタント王が何度も入れ替わり、フランス国王より一世紀以上も前（一六四九）の清教徒革命によってカトリック寄りだったチャールズ一世が斬首されている。それでも、立憲君主制になってからも、エリザベス女王の葬儀の時には、聖俗の権威を体現し続けてきた伝統を誇る王朝だとメディアが繰り返し喧伝していた。それを見て、「いや、在位年数でいえば最長はルイ一四世の七二年（最初は摂政政治だったから当たっていないが）の方が長い」などというフランス人のコメントも聞かれた。日本では、王朝の長さでは日本の皇室が世界で群を抜いているという人もいた。日本の皇室は、明治時代の「皇国史観」で一神教モデルの「絶対王政」の看板を挙げたが、それによって奈良時代から根付いて日本化していた仏教の権威や民衆の氏神信仰は崩れることになった。イデオロギーとしての現人神信仰は敗戦とともに崩れ去り、今の皇室はイギリスの王朝のような資産も宗教的権威もない「象徴」となり、その時代がすでに「現人神」であった期間より長くなっている。

さまざまな戦争や政争を潜り抜けた結果である現イギリス王室の「聖俗兼ね備えた権威」は、二一世紀という経済力によるヘゲモニーの時代には時代錯誤とも言えるにかかわらず、人々の心に働きかける。アメリカにとっても過去の宗主国だ。一方で、その伝統や歴史やイデオロギーの変動の波が大きかった日本やフランスにとっては、エリザベス女王の葬儀は複雑な深層に触れる出来事でもあった。

日本とフランスは、歴史のベクトルもバイアスも違いながら、その複雑な誇りと劣等感や微妙な罪悪感を共有している。

だから自分の国際的なポジションについて自信がない。フランス人も、日本人と同様に、「外人の見たフランス人」論が好きで、アメリカ人ジャーナリストなどが「フランスって変だよなあ」というテーマの本を「フランス人向け」に書き下ろすとベストセラーになるのだ。「フランスの例外」という言葉もあって、アングロサクソンだけではなく他のヨーロッパ諸国とも「ずれている」と自認するのが好きだ。それと表裏一体で、西ヨーロッパ文化のルーツであるイタリア発信の事物を伝統的に崇める人も多いし、「アメリカのおじさん」（アメリカに渡って成功した親戚）という言葉があるようなアメリカへの憧れもあるし、中国、日本、チベットなど、はるかに遠い異文化を論じるのもスノビズムの一種になっている。

私が、自分のトリオの最初のCD（ルイ一五世の宮廷音楽）を日本語の解説入りだけで出した時に、フランス音楽なのにフランスで売る時にはそれがハンディにならないかと気にするのを見て、少なからぬフランス人から、「フランスではね、情けないけど、自国レーベルのCDよりも、外国のCDとかの方がかっこいいと思われるんで、このままの方がいいよ」と言われたので驚いたことがある。そのような「舶来志向」は「日本の特徴」かと思っていたからだ。実際、フランス・バロックを演奏するにあたって、日本人の私が混ざっていることがハンディとされたことがないばかりか、むしろステイタスだと扱われることもある。革命前の王権が体現していた普遍主義、啓蒙の世紀の普遍主義の表現の一つであるフランス・バロック音楽は、当時も「フランス人」だけのものでなくその普遍思想に共鳴するヨーロッパ中の好事家《こうずか》のものだった。実際、革命によって絶えていたフランス・バロック音楽とダンスを再発見して復刻したのは、アメリカやヨーロッパの複数の国で同時に起こったことだった。

このフランス音楽も日本音楽と共通点がある。語り物や踊りがベースとなる系譜があることや、演奏者や踊り手と鑑賞者が分断していなかったことなどだ。だからこそ音楽が大量生産ビジネ

スとなり得る近代において衰退せざるを得なかった。）

　言い換えると、日本もフランスも、独自の文化を洗練してきた後で、政治的危機と新しいビジネスモデルの登場によって商品化された文化の市場に席巻された歴史に対して、複雑なノスタルジーや自負を抱えていると言える。そのせいか、自国人が外国人に批判されるようなテーマをわざわざ取り上げて自虐的に話題にするのが好きなところも似ている。けれども、その反応の仕方は違う。たとえば、世界の三ヶ国のホテルが観光客の採点（金ばなれ、マナー、服装など）をした時に、総合で圧倒的一位は日本人で、最後尾はインド人中国人フランス人の三者だとされたことがあった。この話をすると、フランス人はみな喜ぶが日本人は結構シニックになる。フランス人は、「ははは、そうだろうな、フランス人は文句ばっかりいうからな」と認めるが、日本人は、「これは見方を変えれば、日本人はおとなしくて都合のいい客だというだけのことではないのか」と、拗《す》ねた見方をする。

　しかし、フランス人も日本人も、本当は、自虐の本音に自信がある。自信があるからこそ、他から批判されるのを聞くのも嫌ではないという余裕があるというところかもしれない。日本人はこういうところが変だ、という話でも、「いや、実は、それこそが日本が世界に誇る特徴なのだ」という人が出てくる。たとえば、「日本人は無宗教だって言われるけど、宗教に深入りしないで付き合う大人の国なのだ。一神教のやつらのように、原理主義の戦争なんかしない」という感じだ。フランス人も同じで、自虐ネタの中にも、本当は、その裏返しの自信があることが多い。

しかし、両者には決定的な違いがある。

日本人が「日本人はえてして……と批判される、でも、本当は……日本人は正しいのだ」と集団的な自己弁護をするのに対して、フランス人は、ずばり、「フランス人はえてして……と批判される、でも、僕はね……違うのだ」と、個人的な自己弁護をするところである。この辺は、日本人とフランス人が似て非なる、両極端だと思わされるところだが、そのニュアンスの差がつかめれば、他のアジア人やアメリカ人よりも付き合いやすいと言えるだろう。アメリカ的な個人主義に根差すナルシシズムにとっては「隠れた真実を暴き陰謀を読み解く」という優越感情が必要とされるのに対して、フランス人には「エリート」の言葉に耳を傾ける心性が前世紀末まで根強くあった。自虐的な優越感というアイロニカルな国民感情も、革命後に転々と変わったイデオロギーの前での生存戦略として根付いたものだと言える。

ドイツとフランス――すれ違う思惑

ここまでは特にフランスがアングロサクソンのメンタリティと対極にあることを書いてきたが、ではドイツとはどうなのだろう。百年戦争の頃からの「宿敵」イギリスと違って、「ドイツ」は一八七〇年に、フランスとの普仏戦争に勝利したプロイセン国王がフランスのヴェルサイユで「ドイツ帝国」を創建するまでは、国としての「敵」ではなかった。もともとはゲルマン人が五世紀後半に創ったフランク王国が八世紀末には今のフランス、ドイツ、イタリア北部、ベネルクスなど西ヨーロッパのほぼ全域を制した後で、八〇〇年、カール大帝（シャルルマーニュ）がローマ教皇に招かれて、「西ローマ帝国」の皇位継承者として祝別された。教皇領を守った功績が認められたのだ。西ヨーロッパにローマ・カトリック文化圏が定着する決定的な出来事だった。やがて、この「帝国」は三分割されて、ケルト・ラテン系のフランス王国とは違うゲルマン文化のドイツ地方が神聖ローマ帝国の母体となるというねじれを起こし、後に「ドイツ国民の神聖ローマ帝国」と改称するも、実態は領邦国家群が林立したままだった。皇帝を決める選帝侯のシステムが、「交渉」文化を育んだ。

フランス王国は「中央集権」を進め、ガリア（フランス）教会の管理を強化していったので、後の宗教改革の時も、カトリックを選択することで収束させることができた。一方で、ルターがカトリック教会から破門されたドイツでは諸侯が新旧両教に分かれて争い、三十年戦争で大きな打撃を受けたあと、領主の選んだ宗派によって住み分ける領邦主権体制になった。その後で、フランス革命とナポレオンの侵略を経て、カトリックのハプスブルク家が支配するオーストリアと、プロテスタントのホーエンツォレルン家系のプロイセン王国の二つが優勢になり、やがてオーストリアを除いた連邦帝国が統一される。しかし、東欧諸国とも国境を接していることもあり、イギリス、フランス、ロシアと対立したことが、二度の世界大戦につながった。

近代以降のドイツとフランスは、普仏戦争の後、国境地帯で莫大な犠牲者を出した第一次世界大戦を経て第二次世界大戦では共に焦土となった。勝者である連合国側に加わったドゴール将軍の自由フランスは、ドイツに賠償を求める代わりに石炭鉄鋼同盟から欧州連合に至るまで、「二度と戦争をしないヨーロッパ」の形成を悲願とした。けれども、実はドイツとフランスの思惑は異なるものだった。自前の核兵器も開発したフランスにとって、

「ヨーロッパ」は、結束することで大国アメリカを牽制する「場」だったが、ドイツにとっては経済的な好機ではあったが、第一の同盟国はアメリカだった。フランスの核武装を快く思わず、NATOの枠組みで「アメリカの核の傘」に守られるヨーロッパを標榜した。

ルーズベルトにはもともとドイツという「国」と「戦争」するつもりがなかった。アメリカに亡命してきたユダヤ系の富裕なドイツ人に囲まれたルーズベルトは、ナチスのみを敵としてヒトラーを暗殺できればドイツを敗戦国とせずに富裕層を利用できると考えていたからだ。結局、アメリカも参戦し、ソ連軍がナチス軍を制圧し、ドイツは分断されてしまい、冷戦下にはアメリカの核の傘のもとに、ソ連と東欧（ワルシャワ条約機構）に対抗する米欧軍事同盟のNATOが締結された。当時は武装解除されたドイツへの牽制の意味があったけれど、東西ドイツの分裂を前に、西ドイツも再軍備を許されて一九五五年にNATOに加わる。一方、フランスが目指していたのはヨーロッパ経済圏の自立だったので、ドイツの再軍備やアメリカとの軍事協力に反対した。軍事においては、フランスは自ら核装備してNATOのアメリカとは一線を画することを標榜してきたからだ。しかし、グローバル経済における多国籍軍事産業の巨大化の前でフランスは無力だった。NATOの本部もパリからベルギーのブラッセルへと移った。

ドイツと共にアメリカに対抗する経済圏を育て上げるというフランスの思惑は、アメリカとの関係を第一義にするドイツの思惑とは相容れないものだったのだ。冷戦後、NATOもEUも東欧諸国を加えて拡大し、フランスの目指していた主導権は霧消して、欧州「連合」は限りなく欧州「連邦」へと近づいていく。

ドイツ人はアングロサクソンと同じゲルマン民族なのだが、そのメンタリティは大きく隔たることになった（イギリスの宗教改革は、国王の離婚再婚に伴いローマ教皇の権威から離脱したことが原因で、神学的にカトリックと対立したわけではない。真の「改革派」は清教徒となって新大陸アメリカに渡ることになる）。また、フランク王国以

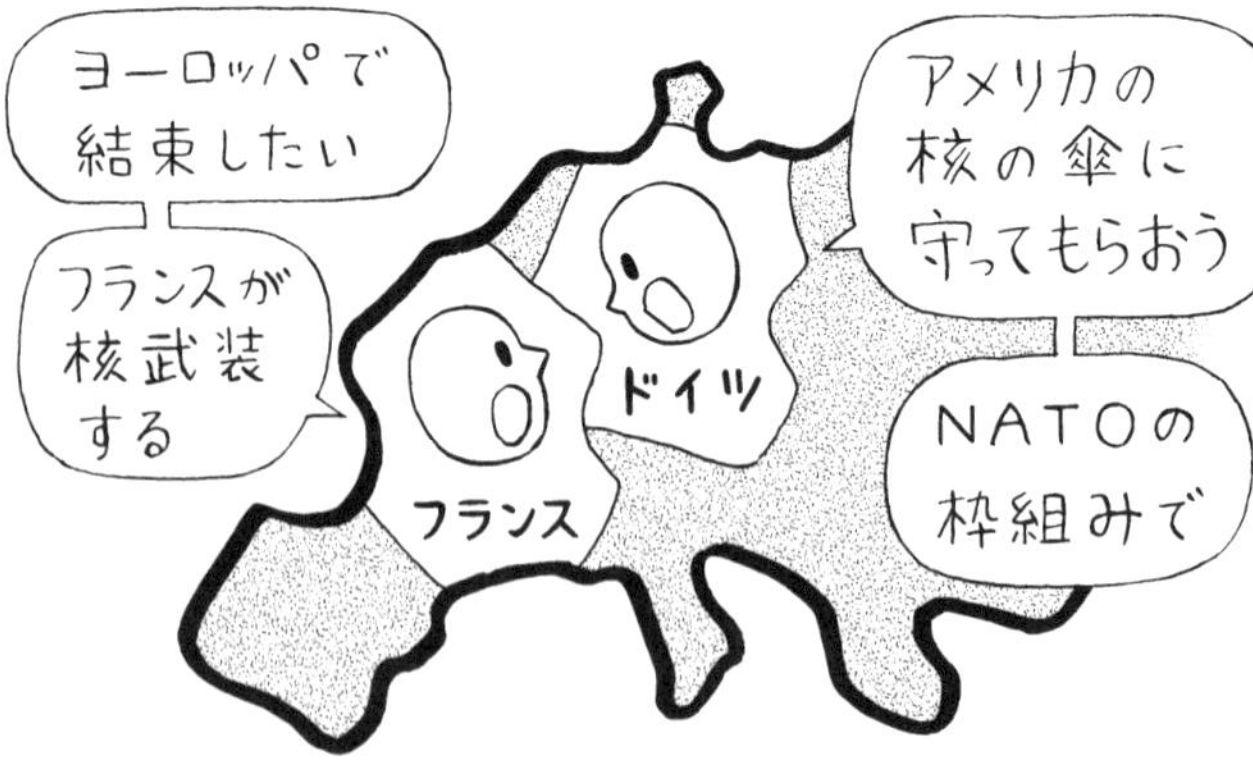

前には、ローマ帝国の侵略を撃退したことで「ローマ化」の歴史が遅れた。そのゲルマン民族メンタリティがあったところにルターの宗教改革が呼応した。信仰の内面化と現世の生活の優先という二つがカトリックの伝統を上書きすることになった。またゲルマンの古代信仰が根強かったから、近代のドイツロマン主義は、音楽と詩が大宇宙と一体化するものだった。

これに対してフランスのロマン派は、「合理主義」へのアンチテーゼであり、それ自体が主知的なものだった。民族のルーツを探るというものではなく抽象的で、普遍的な宇宙の再構築という流れにあった。

大自然との一体化は現代ドイツのエコロジーにも反映している。アメリカによる日本への原爆投下がフランスにとっては「人権」を踏みにじるものとしてまず非難されたのに対して、フクシマの原発事故はドイツにとってただちに原発からの脱却を決心させるほどの自然破壊のインパクトだった（実際は、ドイツもフランスも旧共産圏と地続きだから、その地域で核兵器が使われようと原発事故が起ころうと一蓮托生である。EU内部の利権やロビー活動をふまえて、政治的パフォーマンスとしてのエネルギー政策をその都度打ち出しているだけだったことがロシアのウクライナ侵攻で露呈した）。

話を戻そう。日本は国土の三分の二が森林で海にも囲まれていて、死者の魂は山に宿ったり海の向こうに渡ったり、自然と結びついた「古代信仰」が基盤に残っているという点ではドイツに似ていると思えるかもしれない。ローカルな環境や歴史のバイアスを排して主知的、抽象的、象徴的に「普遍主義」を作り上げたフランスとは明らかに異なる。けれども、フランスも実はケルト、ゲルマン、ギリシャ、ローマ、ユダヤ＝キリスト教の文化を習合しながら「フランス」化したものを「普遍主義」と考えてきた。そこに他文化の軋轢や棲み分けの意識は少なく、中央集権化してきた歴史は、大陸文化や南方文化を取り入れながら島国ならではの「宇宙」を創ってきた日本と実は肌が合う。ドイツ・ロマン派は、ドイツ・ナショナリズムと切り離せないので、「ゲルマン精神」を継承していない者にとって越えがたい壁があるように感じられるのに対して、フランスのそれは「合理主義」「近代主義」へのレジスタンスとして生まれたので、実は間口が広い。フランス革命によっていったん途絶えたフランスのバロック音楽やダンスを一九七〇年代から再発見してきたのはアングロサクソン人を含む国籍を問わないアーティストたちで、その「無国籍」普遍主義故に、広く門戸が開かれている。アートの世界におけるフランス普遍主義は、上から目線の「押し付け普遍主義」ではなく「水平の普遍主義」であって、だからこそ、フランスには世界中からアーティストが集まり、公平に評価され、フランス人が日本文化のような異質のアートにも本気で魅せられたわけだ。

仏独のロマン主義の違いは「自由」の捉え方の違い

ドイツとフランスのロマン派の違いは、「自由」のとらえ方にも顕著だ。トーマス・マンは、ドイツが一度も近代革命を経験したことがなく、国民という概念と自由の概念を結びつけることを学んだことがないから、主知的にはならないのだと語っている。市民、国民という概念はフランス革命で生まれた「自由の概念」で、人権宣言に見られる普遍的なものを包含し、当時の「世界」であったヨーロッパ全体を視野に入れていた。これに対してドイツ的な自由の理念は国粋的であり、「汎ヨーロッパ」を否定して征服しようとするナチスの蛮行につながり、その源流にあるものがドイツ・ロマン派なのだと明言する。

絵画におけるフランスのロマン主義は象徴主義から前期印象派に向かったが、ドイツのロマン主義は後期印象派の中のゴッホやマティスの影響を受け、フォーヴィズムから、ドイツ表現主義へと展開していった。フランスのロマン派は主知的に、感情や陶酔を節度を持って再構成して「語る」ことで表現するが、ドイツ表現主義の画家たちの情熱の本流の根底には原初的なものへの回帰に向かう破壊衝動があった。フランス・ロマン派の感覚は、フランス・バロック音楽から続く普遍主義の継承であり、印象派が点描によって形態を点に還元したのは、破壊でなく最小単位による再創造の試みだった。そのような道を歩んでいたフランスの画家たちが、「情熱のほとばしり」とは対極にある日本の浮世絵に見られる技巧的な別世界の創造に深く共鳴したのは偶然ではなかった。フランスの印象派と日本の浮世絵との出会いが、フォービズムを用意し、現代絵画へと向かう方向性を準備したのだとさえ言えるかもしれない。

ドイツ表現主義の情熱はナチスによって検閲排除されたが、そのゲルマン世界の汎神論的な情熱は、ナチスの国民社会主義のイデオロギーにそのまま反映されていた。原初的な本能が非合理的な破壊衝動を呼び覚ますというものだ。後のフランスの構造主義に見られるような、既成の事象や概念を脱構築することによる創造ではなく、破壊による創造の衝動がドイツ的な情熱に潜んでいたとも言えるだろう。このことは、私が日本にいた頃に存在していた先入観とは逆の側面だ。ドイツ人はまじめで几帳面で科学的で勤勉、フランス人は情緒的で軽薄で調子がいいといったタイプのイメージがあった。日本人はドイツ・ロマン派の神秘な力や迫力に魅せられたが、その中に同化して住める世界ではなかった。フランス文化の方は、普遍主義の名のもとになんでも取り入れて料理してしまうという融通性が高く、日本人とも双方向に交わえる柔軟性と開放性が明らかに高かったと言えるだろう。

【参考】Bernard Vitoux: *Mieux connaître l'Allemagne et les Allemands.* Verone éditions, 2022.

第4章

日仏相似の奥に潜むものは何か

日仏美学の親和性

日本のアーティストが、「市場」的にはすでに取引の中心ではないフランスに今も居を定めるのには訳がある。フランスの美術界は、アメリカのような商業主義とは一線を画する伝統が確固として続いているだけでなく、幕末に始まったジャポニスム以来の日本人クリエイターとの親和性が一貫して存在する。

日本から幕府、薩摩藩、佐賀藩がそれぞれ出展した一八六七年のパリ万博以来のパリのジャポニスムは、侍姿の写真を残したトゥールーズ＝ロートレックをはじめ、「ラ・ジャポネーズ」を描いたモネ、「タンギー爺さんの肖像」の背景に浮世絵の模写を置いたゴッホなどで有名だ。

明治維新以来、日本のアーティストたちも、印象派、シュールレアリスム、キュビスム、表現主義などの潮流とは時代を共有してきたものの、第一世界大戦後の「欧米」を敵とする軍国政策によって、欧米文化に対する鎖国状態に突入した。このころ、アメリカでは一九三〇年代の不況に対応するニューディール政策の一環として「連邦美術計画」が始まっ

た。ヨーロッパ系のアートが主流だった時代から、自国の商品としても競争力のある前衛作品が生まれるようになった。

第二次世界大戦後の米軍統治を経てアメリカ風の前衛美術に触れた日本が衝撃を受けたのは言うまでもない。関西を中心に起こった前衛美術グループ「具体美術協会」(一九五四〜一九七二年)が新しい挑戦の最前線になった。とはいえ、形式上の新しさを前面に打ち出した表現は、日本の正統的美術界から「思想や内容がない」ことを批判され、注目を集めなかった。その「具体」活動が日本でも認められるようになったのは、フランスの美術評論家ミシェル・タピエによる評価だった。GUTAIは、フランスの提唱する国際的な抽象絵画運動「アンフォルメル」に通じるものとして、企画展への出品が可能になった。これらを通じて、「GUTAI」はやがて前衛芸術の世界的な潮流の中に位置づけられる。一九六五年にはオランダやドイツの前衛グループとの合同展にも参加することになった。

フランスを介してヨーロッパで認められたことでアメリカの現代美術家と日本の交流も始まり、一九七〇年の大阪万博では、お祭り広場で「具体美術まつり」が開かれて巨大な気球や消防車も動員したパフォーマンスが展開された。

そんな具体のメンバーであった松谷武判《まつたにたけさだ》は、一九六六年にフランス政府の給費留学生として渡仏して以来パリで製作を続け、二〇一九年にはヨーロッパ最大の近代美術館であるパリのポンピドゥー・センターで回顧展が開かれた。約三ヶ月の会期中に訪れた入場者が一二万人という数字は存命画家の個展として驚異的なものだった。

ジャポニスム以来の日本とフランスの美学における不思議な共感は、ビジネスや投資の世界におけるアートの変遷とは別のところで確かに続いている。

日仏はともに「宗教帰属」で無関心がデフォルト

フランスのカトリックと言っても、ギリシャ・ローマ文化に先住のケルト文化、移動してきたゲルマン文化、そこにパレスティナ生まれの特異なユダヤ=キリスト教が、主に政治と統治の力学によって混淆《こんこう》されてきたものだ。その流れの中で文化や文明が醸成され、革命があり、政教分離があり、いつのまにやら「宗教帰属」無関心がデフォルトになった。

同様に日本の仏教と言っても、アニミズム的自然神道、シャーマニズム、祖先信仰に仏教、道教、儒教などが混淆されてきた。その流れの中で、やはり政治と経済の力学によって「国家神道」が速成され、一世紀も経たないうちに瓦解して「宗教帰属」無関心がデフォルトになった。

二〇〇一年九月一一日にイスラム過激派によって起こされたアメリカ同時多発テロは「キリスト教文化圏」を揺るがした。ブッシュ大統領の「悪の枢軸」や「十字軍」発言は、一神教的な善悪二元論として批判もされたが、フランスでの反応は特に多様だった。もともと百年戦争以来のアングロサクソンへの敵対意識があるし、旧植民地国出身者を中心とするムスリム移民を多く抱えているし、共同体ごとの棲み分け型ではなく、フランス風人権普遍主義を掲げているから、その後の英米軍によるイラク侵攻にも最後まで反対した。

日本はアメリカに追随した形だったが、イスラム教徒に対する深刻な危機感などもともとよりない。十字軍はもちろん、「戦争」というものを忘れかけていた。それはフランスを中心とするヨーロッパも同様で、第二次世界大戦で大きな犠牲を払って復興したことや、二度の世界大戦の戦禍に懲りて「永久平和」を目指すようになった。フランスは、敵だったドイツと早急に和解してヨーロッパ連合の基盤を固めた。二十世紀後半の世界で、マルス・カルチャーと呼ばれる「戦闘態勢」を常に研ぎ澄ませていたのはアメリカとイスラエルで、ヨーロッパは日本と同じように復興と「平和」に特化し、「防衛」さえ、NATOを通して日本と同じようにアメリカの傘下に入った。フランスはドゴール将軍の自由フランスのおかげで第二次世界大戦の「戦勝国」の側だったが、ドイツに占領されていたので、ノルマンディを皮切りに主としてアメリカ軍による空爆で国土の多くを破壊され民間の犠牲者もたくさん出した。そして戦後はその破壊者であるアメリカの積極的な援助を受けて復興したことでも日本と似ている。冷戦時代に入っても、東西に分割されたドイツや朝鮮半島と違って、ソ連や北朝鮮に対する米軍の基地を置く「緩衝地帯」のような相対的な安全圏にいたことも共通している。

そんな状況であるから、世界の警察として敵を至る所に見たり、冷戦の一方の将として内部粛清をしたり緊張し続けたりするアメリカのような国と違って、日本やフランスにはアメリカン・カルチャーの一環として以外の深刻な「陰謀論」が育たなかったのだ。

アメリカは、出身国から脱出してたどり着いた植民者が出身地の宗主国から独立したという成功体験から出発した国だ。それ以来、南北戦争以後は自国内の戦闘歴がない。一方で、歴史が長い日本やフランスには長い「負の歴史」がある。英仏の百年戦争や日本の戦国時代、戊辰戦争などだけでなく、他国への侵略や植民地と敗戦や撤退の歴史が幾層にも積み重なっている。国のレベルで繰り返される愚行を断罪する文化人や知識人らの声が世論を動かしたこともあった。はじめて自国を多発テロで襲われたアメリカが「悪の征伐」を掲げた時代、国連軍のイラク派遣を徹底的に否定したのがフランスだったのは偶然ではない。

残念なことに、それからの二〇年で、グローバル経済が「先進国」に浸透し、目先の経済効果や選挙しか考えない新興国メンタリティが日本にもフランスにも蔓延することになった。その結果、アフガニスタンもイラクも含めた世界情勢や地球環境が確実に悪化している。そのことを冷静に見つめて別の道を探ることは、日本やフランスのような国にこそ課せられた使命であるとも言えるだろう。国際社会でこれまで延命して来た方策も道も違っても、二つの国が互いから学ぶことで得るものは決して少なくない。

カトリック国のフランスとは直接戦ったことがない日本

日本にキリスト教の宣教師がはじめてやってきたのは戦国時代のことだった。イエズス会やフランシスコ会など主としてスペイン・ポルトガルやイタリア人の宣教師たちは、既成権威である仏教僧らとの論議などを経て「開明」的な大名とその一族を改宗させることに成功した。彼らの持ち込んだ「火縄銃」などの「新技術」の導入に政治的戦略的な価値を見出したからでもある。同時に、「士農工商」の共同体から差別され除外されていた「非人」や「ハンセン病患者」などに対等な立場で布教して保護療養施設を作るなどして、一定の評価も得た。神学校も設立されて、キリスト教音楽や絵画などももたらされ、一六世紀末には天正遣欧少年使節団が、九州のキリシタン大名の名代としてローマに派遣された。彼らの持ち帰った印刷機ではじめて活版印刷が始まった。

ところが、戦国の世を統一した豊臣秀吉はもはや他国、他宗教の権威を必要とせず、バテレン追放令を出し、その後も江戸幕府に続く過酷なキリシタン殲滅《せんめつ》の歴史が刻まれることになった。最後のキリシタンは弾圧に由来する内戦となった島原の乱（一六三七－八）の後に姿を消した。以来、「鎖国」下の日本での貿易窓口になったのは、商業的実益を優先するプロテスタントのオランダだった。島原の乱から四半世紀を経た一六五三年にフランスのパリで「パリ外国宣教会」が結成された。多数のフランス人宣教師がベトナムや中国などへ宣教に向かい殉教したが、彼らの記憶には極東の日本で殉教した多くの司祭やキリスト教徒のことが刻まれ続けていた。潜伏した「隠れキリシタン」が存在するという説は彼らを鼓舞した。

幕末に欧米との通商が再開されてすぐ、待ち兼ねていたように、一六世紀末に秀吉の命令で長崎で処刑された二六人のカトリック信者が、殉教者として一八六二年（文久二年）にローマで列聖された。このことは、パリ外国宣教会ばかりか、フランス中のカトリック教会を刺激した。反カトリックの共和制の後でナポレオン三世が第二帝政を敷いた時代だった。

日本と最初に通商を結んだ米、英、蘭、ロシア、フランスのうち、いわゆるカトリック国はフランス一国だけだったことに注目しよう。

帝国主義政策と不平等条約の締結を通じ、各国にはいろいろな思惑があっただろうが、その中で、フランスは一八六三年に、パリ外国宣教会の宣教師を送って、その前年に列聖された「日本二六聖人」の末裔ともいえる隠れキリシタンを密かに探し始めていた。日本のキリシタン禁令は解かれていなかったが、一八五八年の安政の五ヶ国条約で米、英、蘭、ロシア、フランスは日本国内の居留地での信仰の自由が認められた。翌年長崎港が開港され、大浦の海岸の外国人居留地には外国人商人が進出した。唯一のカトリック国であるフランスのパリ外国宣教会はローマ教皇から日本での布教と潜伏キリシタンの発見を任され、長崎で殉教した「日本二十六聖殉教者」の名を冠した教会を建設することになった。外国人カトリック信徒のための教会であったのに正面には漢字で「天主堂」と書かれていた。めずらしい「ふらんす寺」を見物する日本人の中で、「隠れキリシタン」が名乗りを上げたことは、フランス中で一大事件となった。それは宣教師が派遣されて二年後の一八六五年のことで、キリシタンの禁令が解かれたのは一八七三年、明治六年のことだった。

幕末の動乱期に幕府がフランスと結びついたのも、帝国主義列強のうちイギリスとロシアによる東アジアにおける覇権争いと武器商人の争いというものが背景にあった。それを牽制するために幕府（小栗上野介）がフランスに働きかけて支援を勝ち取ることになる。けれどもロシアの北方侵略の動きは止むことがないまま、フランスとの蜜月は普仏戦争の敗北によって終わった。

ともあれ、最初に通商条約を結んでいた五ヶ国のうち、日本は米英露と後に戦争することになる。オランダともインドネシアで衝突したが、唯一のカトリック国のフランスとは直接の戦争をしなかった。そのフランスは、二六聖人の物語を通じて日本を愛し、日本のカトリックに熱烈な興味と感心を寄せ続けていた。日本の殉教者に寄せて殉教の赤い珠を繰りながら祈るロザリオがフランス中の教会で唱えられ、ポンマンの「聖母御出現」にまでつながった。

明治以降の日本では、むしろ「理性的」で禁欲勤勉なプロテスタントが開国派の知識人の間に広まった観があるが、何世紀も前に「二六聖人」の流した血によって、日本はカトリック国からも親和性があると（一方的にかもしれないが）見られていたのだ。安土桃山時代のバテレンも幕末の宣教師も、白人至上主義の帝国主義による世界征服の手先だとする歴史観が存在するが、事実にはいろんなニュアンスがあり、殉教した多国籍の二六聖人が共に流した血のおかげで、日本にはカトリックによる反宗教改革以来、ヨーロッパのカトリックと実は「血の連帯」ができていたわけだ。

欧米のプロテスタントは一六世紀に宣教師を送っていなかったから、日本の歴史に残る「殉教者」はいない。軍事力の優越を背景に要求された「開国」や不平等条約の底に流れる人種差別と闘おうとした日本人にとっては、「人種」を問わないで人類はみな神の子であるというキリスト教や不当な搾取と戦うものはみな同志であるという共産主義は魅力的だった。けれどもアングロサクソンのプロテスタントはミサで黒人と同席しないなどの差別がある実態を知った日本の知識人たちは、無教会主義を打ち立ててキリスト教の本義に回帰しようとした。

それに対して、過去に実際に日本で殉教者を出しているカトリック教会は、「日本はカトリックを惨殺した野蛮な国」という見方をしていないのはなぜだろうか。彼らにとっては、「殉教者」による信仰の証しの方が、「野蛮に殺された」事実よりも大事なのだ。たとえ九九九人の日本人がよってたかって一人の日本人キリシタンを殺したとして、九九九人が野蛮だから野蛮な国だとはならず、信仰を証しして殺された一人がいるから神に祝福された国だと思えるのがカトリックだからだ。イスラム教のように聖戦によって勢力を広げてきた宗教と違って、一度刑死したイエスを救世主とした上、教会史の初めに迫害されまくって殉教者を大量に出し続けた宗教の育てたポジティヴ思考なのかもしれない。

ともあれ、二世紀半も隠れて信仰を紡いできたキリシタンがいたという事実が、カトリックのフランスにとっては、日本人の霊的価値や信念の強さに感嘆し霊威を抱かせるものとなった。浮世絵などをはじめとして多くの日本の文化財が欧米に流出したが、パリ万国博覧会などを通して単なる異国趣味以上の憧れを定着させたのがフランスであり、日本も現実主義とは別の次元でそれを感知していた。

日本の「国家神道」は、すべての民が「四民平等」で「天皇の赤子」であるという一神教モデルを創設した政治案件だった。そのせいで、第二次世界大戦後の「政教分離」は国家神道を牽制することを念頭に構築された。フランスの政教分離がカトリック教会、それもフランスのガリア教会を対象として生まれたことと似た状況だ。

だから、フランスでは「キリスト教系」新宗教をも監視したり統制したり適正距離を測ったりするノウハウが残っている。一方で、マイナーでエキゾティックである仏教や仏教系の新興宗教などは監視の目を逃れて「文化多様性」と見なされる傾向がある。そんなフランスでの意外な盲点は「イスラム教」だった。旧植民地であるマグレブ諸国からの移民が多いにかかわらず、政治・経済的関係はもちろん、「冷戦」中は「無神論共産主義」に対抗するという意味で同じ陣営だと考えられていたからだ。日本でも同じで、「神道」系新興宗教の逸脱の方が注意を喚起する。「仏教系」はすでに江戸幕府による官僚化や明治の国家神道編成によって「骨抜き」になっていたので「仏教系新宗教」は厳格な政教分離の対象になっていなかった。マイナーであるキリスト教は国家神道下で飼いならされていたし、「欧米」の主流宗教ということで戦後は復興にプラスになるとして「お目こぼし」されていた。そんな日本での盲点は、「キリスト教系新宗教」だ。「韓国」に発する「統一教会」のように、「教祖」を神格化する多くのカルト宗教の中でも「反共」を掲げることでプロテスタント国アメリカによる警戒も薄く、戦勝国欧米と親和性のある「聖書」の語彙を使うことで戦後日本の政教分離の網にかからなかった例もある。

日本と同じく伝統宗教がもはや家族の冠婚葬祭や通過儀礼以上の意味を持たなくなっているフランスがさまざまなカルト宗教やカルト団体、イスラム原理主義などによる「汚染」を防ぐためにどう対処しているかを見るのは日本にとって参考になるに違いない。

プロテスタントの国にはない〝食事を味わう〟文化は日仏共有

日本とフランスの共通点には、少なくとも歴史の長い期間、食糧自給ができていて、地域別に豊かなヴァリエーションの郷土料理が発展していたことがある。日本の気候が米の生産に向いていて、フランスの気候は小麦と葡萄（この二つはキリスト教の聖餐においてイエスの肉と血とされるパンとワインの原料として広まった）の生産に向いていた。米も神の恵みであり米粒一つ一つに神が宿るとされ、米を醸造した「酒」も、「御神酒《おみき》」として供えられた後で分け合うなど、信仰の世界に根付いていた。

プロテスタントは、イエスの体が現存するというローマ・カトリック型の「聖餐」を否定して「シンボル」として知的に解釈した。特に、アメリカに渡った清教徒型の文化では、

「開拓者」の精神と共に、倹約、勤勉が奨励されたから、ヨーロッパの王侯貴族のような食卓を囲む「饗応文化」は育たなかった。

カトリック型の食事のルーツにはもともと「禁忌」が少ない。

ユダヤ教の食文化にあったさまざまな規制はイエスにとって優先事項ではなかったし、イエスの先駆者である洗礼者ヨハネ型の禁欲的食生活とも無縁だった。イエスとヨハネの生涯は、天使に告知された「奇跡の受胎」での誕生から、非業の死まで重なる部分もあるが、生き方は対照的だ。ヨハネは生まれる前から、主に献身する「ナジル人」(民数記)だった。『士師記』に出てくる英雄サムソンと同じく、不妊だった母の胎内にいた時から、葡萄酒や発酵酒を飲まず髪を切らず、神と民に仕えるように運命づけられていた。だから祭司の家系に生まれたにかかわらず、神殿に出入りせずに荒野にとどまり、集まる人々を差別せずに洗礼を授けた。ラクダの毛衣をまとい荒野でイナゴと野蜜を食べて過ごした。禁欲的な隠者として知名度は高くなり、政治家や権力者たちからも一目置かれていた。

一方イエスは、ラビとしてシナゴークでも説教したし、弟子たちとはもちろんファリサイ派の人とも共に食事した。カナの婚宴で飲み食いした時にはワインが足りなくなった時に「樽の水を葡萄酒に変える」という最初の「奇跡」を行っている。後にも、ヨハネの弟子たちがわざわざイエスのところに来て、「私たちとファリサイ派の人々はよく断食するのに、なぜ、あなたの弟子たちは断食しないのですか」と訊いた時も、イエスは「花婿が一緒にいる間、婚礼の客はどうして悲しんだりできるだろうか。しかし、花婿が取り去られる日が来る。その時、彼らは断食することになる」と答えている。イエスの食事は断食でも「孤食」でもなく、「天の父」が招く宴がベースなのだ。だから、説教を聞きに集まった何千人もの人に、わずかのパンと魚を増やしてふるまうこともあった。

このイメージがそのまま最後の晩餐に示唆される「聖餐」になり、初期のキリスト者は、毎週集まってパンとワインを分け合うという習慣によって宴席としての「教会」を広げた。

ユダヤ教やイスラム教も週一回のサバトや日に五回の祈りなどがあるが、共同体として必ず集まる儀式ではない。ローマ帝国世界に広まっていたさまざまな多神教の神々への供儀や祈禱も、特別な典礼に結びついたもので、「毎週共に飲み食いする」というキリスト教にいつの間にか侵食されていったのだ。

ローマ・カトリックではミサの聖餐の前夜からの断食などが課せられていた時期もあったし、「聖体」も水と小麦の無酵母パンのかけらのようなシンボリックなものになっていったけれど、ギリシャ正教などでは自分でパンを持って行って聖餐式でキリストの体に変えてもらうという形のものもある。そして、後にカトリック化したヨーロッパでは、日曜日に盛装した村人たちが教会に集まって「聖体」を分け合った後で、互いの家に招き合ってそろって昼食するという習慣が長く続いた。

日曜のミサには出なくなっても、「個人主義」だと言われているフランス人が日曜ごとに両親の家を訪ねて会食するという習慣が根強いことに驚く日本人がいるが、それは「盆暮れ」ではなく「毎週」の会食が基本だったキリスト教の伝統から来ているわけだ。

それでも日本人にも「宴会文化」がある。「神」に供えた供物を後で分かちあうことでご利益も分かち合い、神とも食事を共にするという「直会《なおらい》」型の宴会文化で、いわゆる「無礼講」文化も、キリスト教の復活祭前の肉を断つ四旬節に入る直前の謝肉祭カーニヴァルでの「一過性秩序破壊」に似ている。

このような「宴会文化」の対極にあるのがアングロサクソンのピューリタン型の食生活だ。ベジタリアンやヴィーガンはプロテスタント文化にルーツを持っている。レオナルド・ダ・ヴィンチが菜食だったのは宗教的理由ではなかったけれど、啓蒙の世紀に生きたルソーやニュートンらが菜食だったのはプロテスタンティズムに影響を受けた動物愛護からだった。

前述したように、ローマ・カトリックは復活祭前の四旬節に「肉断ち」をしていた。卵も食べずにとっておいたので「復活祭の卵」が今もチョコレートなどの形で商品化されている。プロテスタントは四旬節の期間だけの肉断ちを偽善だとしてその習慣をやめた。ところが、その後の英米の産業革命の時代に人々が肉とアルコールを過剰消費するようになり、その反動として、菜食主義や、アルコールを断つためのさまざまな組織が生まれることになった。

ベジタリアン協会ができたのは一八四七年にプロテスタントの福音派がマンチェスターにベジタリアン・ソサエティを創ったのが最初で、一九四四年には卵や乳製品も食べず、毛糸、毛皮、革靴も拒否する厳格なヴィーガン・ソサエティが誕生した。

一八九七年にはスイスのチューリッヒで菜食教育のクリニックが開設されて、スライスした乾燥リンゴ、つぶしたオート麦、ハチミツにミルクをかけたミュエスリが提供された。同じ年に、アメリカのアドベンティスト教会のケロッグ博士が、ミシガンの食育クリニックでトウモロコシを加工した「コーンフレーク」を発明し、味気がないので性欲を抑えると推奨された。一七世紀に禁欲的に暮らしていたクウェーカー教徒にちなんで一九〇一年にクウェーカー・オーツ社が朝食用のさまざまなシリアルを発売した。粉にした後で成型しない「シリアル食」はプロテスタントの伝統から生まれたのだ。

一方、パンは地中海から中東に定住した人々によって早くから「命のシンボル」としてつくられていた。パン種を入れて膨らませてオーブンから取り出すという過程が、妊娠・出産と結びつけられたからだ。当時のすべての宗教にそれが反映し、特にパンとワインを神に捧げるというイメージを残したのがユダヤ人だった（創世記一四章でメルキゼデクがアブラムにパンとワインを捧げている）。

北のケルトやゲルマンやスラブの民は、ポリッジ（おかゆ）かクレープを食べた。ブルターニュのガレット（ソバ粉で作るクレープ）、アングロサクソンのパンケーキ、ロシアのブリニス（そば粉などを使ったパンケーキ）などは太陽神をかたどって丸かった。飲み

アメリカのアドベンティスト
教会のケロッグ博士

物は主として大麦などからつくったビールだった。北ヨーロッパにも少しずつ「パン」の文化が広がったけれど、多くはサンドイッチをつくるための角形だった。

南ヨーロッパのパンは外がかりかりして中が柔らかいタイプのものだった。バゲットと丸いパンにはギリシャ神話以来の性的な含意があったけれど、カトリックは気にしなかった。英語圏ではプロテスタントもムスリムも柔らかい四角の食パンを好んだ。

ギリシャ神話の世界では食べ物の多くは聖なるもので、ディオニソスが典礼の中でワインに宿るように、神々が食物に宿ることもあった。ギリシャ・ローマ文化圏においてホスチア（聖餐用の無酵母パン）がイエスの体だと信じることのハードルが低かった理由の一つだろう。一方で、プロテスタント、特にアメリカに渡ったピューリタンのルーツであるカルヴァン派は聖餐のパンが単なるシンボルであると見なすことになった。

現代でも、ベジタリアン、ヴィーガンのレストランが一番多いのはベルリン、NY、ロンドン、サンフランシスコ、ポートランドなどで、一番少ないのはサン・パウロ、リオ・デ・ジャネイロ、モスクワで、プロテスタント圏と、カトリック、正教に分かれる。OECDの国で一日二時間以上を食事に費やすのはフランス、イタリア、スペインで、最も短いのはアメリカ、カナダ、南アフリカ、オランダ、スウェーデンの順だ。ユネスコの無形世界遺産に食文化として登録されているのは、アジアやイスラム圏、南コーカサスなどはあるが、カトリック文化圏の国が多くを占めていて、プロテスタント国は皆無だというのも興味深い。確かに、日本では半世紀前にもコーンフレークを食べていた。その起源が若者の性欲削減にもあるなどとは思いもよらず、アメリカ文化風のシリアルはおしゃれなものだったのだろう。フランスには、マクドナルドなどのファストフード店も、一九七〇年代のパリではカルチエラタンとシャンゼリゼに一軒ずつあったくらいだった。今や、フランスはアメリカに次ぐハンバーガーの消費国となり、朝食用シリアルも各種そろっているが、日本と同じで、バゲットやクロワッサンなどの伝統的な朝食は健在だし、今でも残る地方色のある食べ物や独自の食習慣は、日本とフランスの食習慣メンタリティがプロテスタン

ドナルド・トランプと
ハンバーガーとフライドポテト

トのそれとはかけ離れていることを示している。

トランプ大統領がフランスに来た時にバーガーとフライドポテトをリクエストしたという話が伝えられているが、外国の食文化を本当に味わうには、自国での食事を「味わう」習慣がないとむずかしい。私が最初にフランス人の仲間二人と日本にコンサートツアーに行った時のことを思い出す。二人は当時三十代と四十代で、日本に来るのは初めてだったし、日本語も話せなかった。演奏するのはルイ一五世時代のフランス・バロック音楽で、フランス文化の教養は高いが、特に日本の歴史や文化に詳しいわけではない。

最初の演奏場所は京都の法然院だった。音響を考えて広い玄関の板の間で弾くことにした。リハーサルを終えた後、食事をとりに外へ出るつもりだったけれど、あいにく激しい雨が降ってきた。ご住職は私たちが躊躇しているのを察してすぐに寿司の出前を差し入れてくれた。

コンサートの後で、ご住職が行きつけの酒処に招待してくれた。カウンター席に座った私の仲間は、主人の勧めるいろいろな日本酒の「利き酒」を楽しんだ。ご住職も満足そうで、そのやり取りを通訳しながら、京都のこんなお店で、仲間が生まれて初めて飲む日本酒をじっくりと味わっているのを見て、彼らがワインのテイスティングを心得ているフランス人でよかったとほっとした。

実際、その後、日本のどんなレストランでも彼らは食器や盛り付けや繊細さに感激してそれを表現することを惜しまなかった。それから十年以上後、三度目のコンサートに日本に行った時も、大阪の和食処に招待された時に主催者がいろいろな日本酒を勧めてくれた。上等なものほど透明感があって上等の白ワインに似てくる、などと盛り上がっていた。

このような体験を通じて、五感を通して食事を楽しむ、「招かれる」ことを楽しむということが、最も大切なマナーであること、それはコーラを飲みポップコーンを頬張る文化からは自然に発することのないデリケートでエレガントな感性に基づくものだと理解した。日本人とフランス人が互いの食文化に抱くリスペクトは必然的で融和的でまったく違和感がなかったのだ。

司祭を教師に置き換えて——教会学校と寺子屋

共同体のメンタリティに大きな影響を与える「教育」の面でも、フランスと日本は似ている。いや、他の要素と同じように、アングロサクソン物質文明にすっかり覆われている国でありながら、古層を残しているという点で共通点がある。

フランスの哲学者のレジス・ドブレが、アメリカ人の「聖なる場所」は「教会」と「証券取引所」、フランス人の聖なる場所は「学校」と「市役所」だと言ったことがある。

アメリカ人の共同体主義においては、宗教、宗派への帰属がアイデンティティの大きな部分を占めている。ピューリタンの先祖が旧大陸を捨てて「神の国」を打ち立てるために建国したという「物語」があり、「神の加護」を得て開拓した国で勤勉に働き、「富」を成したシンボルが「証券取引所」だというわけだ。

二〇〇八年のリーマンショックの後、二〇一一年に、「ウォール街を占拠せよ」という座り込み運動が、ニューヨークのマンハッタンで発生した。長くは続かなかったけれど、アメリカの政界、経済界の「聖域」に対する抗議だったのだ。

フランスはどうだろう。今のフランスは、フランス革命の共和国主義にアイデンティティの基盤を置いている。ヒエラルキーと国王や貴族の権威、権力がカトリック教会（ローマ教皇でなく国王が司教を任命できるガリア教会）によって担保されていた社会を全否定して、「国民」だけでなく「すべての人間」が権利において平等だと主張した。それは実は、イエス・キリストが語り示した「絶対平和主義」と「神のもとの平等」と「弱者救済の優先」という普遍主義と同じものだった。その結果、過去にカトリック小教区が担当してきた冠婚葬祭や地域共同体の住民台帳の管理などを丸ごと受け継ぐ「市町村役所」が新たな「聖域」となった。そこでは宗教の有無や種類は問われないが、過去にカトリック教会が仕切っていた「結婚式」や「洗礼式」や「葬儀」もすべて行われる。「結婚」は役所への「届」の提出ではなく、「市町村長」という新しい「司祭」を前に役所のホールで行われる「式」となっている。

もう一つが、「教育」だ。フランスは今でも教育社会主義国であり続けるように、全国に無償の公教育システムが整えられ、全国共通のバカロレアによって国立大学に進むことが可能だ。グランゼコールという共和国エリート養成校もあるが、基本的に師範学校や士官学校、行政学院という枠組みであり、無償どころか給費が支払われる。畜産農業国として重要な獣医学校はグランゼコールの枠組みであり、通常の医学部は国立大学の中にしか存在しない（共和国の歴史とは別物であるいわゆるビジネススクールなど私立のグランゼコールも存在する）。

この共和国教育システムも、小教区民を支えてきた教会と司祭が市役所と市長に置き換えられたように、カトリック教会、特に一七世紀以来発展した各種の社会活動型修道会による教育システムに置き換わるものだった。教区での公教要理（カテキズム）のクラスは、幼児洗礼を受けた子供たちが、初聖体を受けるために教理を学ぶ必須のものとなっていて、そこで「才能」を見出された子供は小神学校への入学を許可され、出自にかかわらず司祭や修道士となる道が開かれていた。そもそも長い間、知的活動は教会組織の中に囲われていたもので、「大学」は「カトリック＝普遍」の掲げる普遍主義を体現する「ウニベルシタス（ユニヴァーシティ）」であり、一二世紀のボローニャやパリでの開設以来、神学を学ぶことはそのまま宇宙の全てを学ぶことだった。ラテン語という共通語も国際的な知識の蓄積を容易にした。

プロテスタンティズムというと、ルターの宗教改革のように、ラテン語の聖書を各国語に訳すことで知識を「民主化」したというイメージがあるが、ゲルマン語のドイツ語と比べて、もともとラテン語と近いロマンス語であるフランスにおいては、「知識人」のツールであるラテン語のハードルが低かった。結局、ローマ・カトリックという昔ながらの枠組みを残しながらその中での「反宗教改革」を進め、司祭の教育や都市化する社会での救済活動などを進めることになった。一七世紀の聖ジャン＝バティスト・ド・ラ・サルのように貧困家庭の子供たちのための学校や日曜学校を開き、キリスト学校修道会を設立して子供に正しい価値観を与えるために教師の養成学校を作った人もいる。その価値観とは「カトリックの教義」ではなく、貧しい人に仕えるというイエスの価値観だった。

フランス革命ですべてのカトリック教会や修道会はいったん解散させられて財産も没収された。フランス革命を用意した啓蒙の世紀の思想家には民衆の権利を擁護する高位聖職者も貴族もいたが、革命後の恐怖政治の時代に処刑された者も多かった。共和国政府はそれまでカトリック教会が担っていた社会政策を受け継ごうとしたが、教育施設だけでなく病院などの医療施設のほとんどは修道会の経営で看護や介護は修道女たちが担っていたから、結局彼女らを呼び戻すことになった。今のフランスでも、大学と直結した国公立の病院の多くが基盤であった修道会との関係を維持している。健康保険制度が手厚く、公立病院が不法滞在者を無料で受け入れる制度なども、教会の伝統と共和国政府が競合してきた歴史と無縁ではない。

このような歴史が、共同体が集まる場所である「教会」と証券取引所とが「聖地」であるアメリカと、「市町村役所」と「公立学校」とが「聖地」であるフランスとの違いを作ってきた。

一方で、日本は、キリスト教文化圏ではないから「欧米」とまとめるフランスともアメリカとも異質だと思われるかもしれないが、実はフランス型に近い。

長い間「教会」も「学校」も人種差別を維持してきたアメリカとは違って、日本はむしろフランス型に近い教育システムがあった。日本でも、僧籍にある人が知識人であることは多いし、サンスクリット語やパーリ語の仏典は漢訳されて導入され、その漢字文化を採用し、漢字のまま読み下すという方法も生まれた。ヘブライ語やギリシャ語の聖書がラテン語訳を通してフランス語と近いものになったのと似ている。「寺子屋」という形で全国に広まっていた教育施設は、中世から存在した寺院における学問所の流れにあり、師匠は士族、町人、僧侶など様々だったとされる。「読み書き」の習得の頂点にラテン語聖書や漢籍仏典や儒教の教書があったわけで、当然、基本となる「価値観」の継承とは無縁ではなかった。

学問はよりよく稼ぐための道具ではない。カトリックにも托鉢修道会が広がり、日本仏教でも長い間、僧侶はカトリック司祭や修道僧と同じく独身で「清貧」で「不戦」が建前だった。貧しい者に「施す」ことで徳を積むという価値観は教育の中で多かれ少なかれ継承されていくべきものだった。だからこそ、日本では長い間「医者」と「教師」は利益を追うことなく使命の遂行にひたすら「献身」する「聖職者」だと呼ばれていたのだ。

職業社会で成功するスキルを教えるというアメリカ型とは別物であり、司祭を教師に置き換えたフランス型にはるかに近い。もちろんグローバリゼーションが広がるとともに、「教師」が尊敬される職業である時代は終わろうとしている。モンスターペアレントがサービス業の消費者のように学校や教師に苦情を言ったり、フランスでは、中学教師が、授業で預言者のカリカチュアを生徒に見せたということでイスラム過激派に惨殺されたりした。「教育」の理想は、グローバリゼーションの中で最も汚染されたものの一つであり、対策が待たれる。

第5章

フランス・バロックと能

フランス・バロック音楽との出会い

フランスのバロック音楽と本当に出会ったのは、三〇数年前、ルイ・ロートレックと立ち上げたクラシックギターのアンサンブルに、当時まだ十代だったロートレックの生徒がシャルル＝ルイ・ミオンの曲を編曲して持ってきたものを弾いた時だった。彼は弟が使っていたヴァイオリン曲集の中でそれを発見して、フランス・バロックの真髄を見抜いたのだった。彼は「移民の子孫」なのでアメリカなどなら「何々系フランス人」と呼ばれるかもしれないけれど、徹底した普遍主義で自由・平等・博愛レベルの「市民」にのみアイデンティティを求めるフランスだから、公教育しか受けていない。私たちが出会ったのも公立の音楽院だし、彼はその後、大学の楽理科を出た後、共和国最高の教育国家資格であるアグレガシオンを取得して音楽教師になった。その彼は、まだインターネットもない時代、オペラ座図書館で、ミオンのオペラの総譜を探し、その場で読んだだけでメロディとハーモニーを叩き込み、うちに帰ってチェンバロで再現できるほど

トリオ・ニテティス

の能力の持ち主だった。

　私はロートレックと彼の友人や弟子たちとのアンサンブルでいろいろな場所で演奏することを経験できた。一九九五年の阪神淡路大震災の後、被災者支援のコンサートをノルマンディで実現させたり、エールフランスが被災児童をパリに招待した時に、インターコンチネンタルホテルで開催したチャリティコンサートにも参加したりした。ロートレックはそれまで日本や日本人との付き合いもなかったのに、私と意気投合してすっかり日本ファンになってくれた。彼を含め、二つ返事でチャリティコンサートに自分の仕事を休んでまで駆けつけてくれた時のメンバーはその後も、日本と関わる活動を支援してくれた。

　それでも、ミオンの音楽を通して、フランス・

シャルル=ルイ・ミオン

ルイ15世時代のフランス・バロック作曲家

バロックの魅力を直感的に理解したのは若い二人と私の三人だった。一般向けのコンサートで聞き映えがしたりなじみのある曲ではない。それどころか、フランス・バロックは「古楽」と呼ばれて、古楽器を復元するような「過去」に目を向けた好事家や、テクニックの習得が困難で競争率も高いクラシック奏者が新たなチャンスを求めて転向し、挑戦するような場だと思われていた。

特に、テクニックで聴衆を圧倒させたり激しい感情の高まりや情熱、あるいは苦しみや悲壮感で人々を別世界へいざなうロマン派音楽などと違って、あるいは、バッハの宗教音楽のように精神的で壮大で高い次元に誘う音楽とは違って、フランスの宮廷音楽は、音符も音量も少なく貴族の食事のバックミュージックであるかのように誤解されていたから、技術の習得が簡単だと思われていたのだ。

そんなフランス・バロック音楽の一見端正で知的な構成の中に、実はぞくぞくするような肉体的な官能が隠れているのが知られるようになったのは、一七世紀後半のオペラ・バレエの振り付け譜の解読研究が進んでからだ。一八世紀のミオンやラモーの頃になると、和声進行と不協和音のずれや、リズムと音程のずれなどに、もう踊り手の身体性が余すことなく盛り込まれていて、弾いているだけで内臓が揺さぶられるような感覚さえある。

イタリアやドイツ系のバロック音楽は、当時すでに楽器や歌手のヴィルトゥオーゾと呼ばれる「名人芸」を披露しながら各地で公演するという形が始まっていた。それら領邦国家と違って中央集権の絶対王政フランスは、王立の音楽アカデミーやオペラを持っていたし、常設のバレエ団もあった。イタリアやドイツのような超絶技巧を目指す器楽、そのテクニックに近づこうとする声楽、それを強調する作曲という流れは必要なかった。特に、ギリシャ古典の伝統を継承して演劇が盛んであったフランスでは「台詞の朗詠」が重視されていた。「役者」と「歌手」の垣根は低い。楽器演奏も、楽器の方が逆に人間の声の表現に近づこうとしていた。スターシステムも必要なく、ルイ一四世もギターを弾き、踊り、マリー＝アントワネットがハープを演奏したのが有名なように、歌と踊りと演奏とは社交の場で共有されていた。と言ってもそれが単なる社交で、形ばかりのものであったわけではない。細部の洗練が極められ、音量や音符の多さの力技とは無縁の考えされつくした妙技の中に、情動を知的に再構成しながら決して抽象的ではない「肉体性」を味わい尽くすものだった。それは「フレンチ・エレガンス」と呼ばれる。

ハイコンテクスト文化

このフランス・バロックの伝統はフランス革命によっていったん途絶え、それ以後は、「近代化」が進むにつれて、バレエも音楽も、高度なテクニックや音量の「名人芸」をコンサートホールで「消費者」に提供するという文化が西洋世界に広まった。つまり国境を超える産業としての音楽がスタンダードになったというわけだ。

さらに、レコードプレーヤーの登場による録音音楽や、インターネット配信などによってその様相は劇的に変化し、一度は復活したフランス・バロックやオペラ・バレエも、「コンテンポラリー・バロック」などという形容矛盾のジャンルさえ登場するようになった。なぜなら、フランス・バロックは、知的なコストが高すぎて商業化が難しいからだ。人が動く時に感じる重力や摩擦の感覚までを視野に入れ、ハーモニーの生む色彩までも追求する共感覚的な構成もあるという極めて緻密な構造を持っているので、その魅力に迫ってエレガンスをさりげなく取り出すには知的なアプローチが必要とされる。

とはいえ、その知的なアプローチというのは、すでに「普遍的な合理性」を追求していたデカルトの国フランスのものだから、他の「民族音楽」や特定の「宗教音楽」とは違って、研究者の「出自」が問われることがない。だからこそ、私にも入っていけるものだったし、そればかりではなく、日本人の感性にも合っていた。前述した「音量や音符の大きさや数の力技とは無縁の細部の洗練」の中で、決して表面的ではない深く大きな何かに訴えるというタイプの芸術は、短歌や俳句という文学を想起させる。それらが、産業と結びつくようなものではなく、作者と鑑賞者とが重なった「教養」へと昇華しているのも、実は、フランス宮廷音楽と親和性がある。

中世日本の宮廷文化が生んだ王朝物語とその中で歌われた多くの歌は、その後の庶民に至るまでの文化の背景になった。日本で俳句や短歌が成立するのはハイコンテクスト社会だからだ。つまり、表出している言語以外に文化的、歴史的、価値観や感受性を含む文脈が共有されているということだ。だから言葉数が少なく簡潔で分かりやすいというわけではなく、短い文の背景に多くの修辞、暗喩、隠喩、連想、自然観や歴史観がぎっしりつまっている。それを「誇示」することなくさりげなく隠し味とするが、その微妙な軽さが洗練の強度を支えているのだ。一般に、西洋の言語や文学はその反対のローコンテクスト文化だと言われている。だから、聞き手の能力ではなく話者がいかに論理的な表現をするかが評価の基準となる。「空気」を読む日本文化の日本人はそのような「論戦」能力が低いなどと言われる。

ところが、このローコンテクスト文化は、アメリカなどの移民国家や、国際社会というモザイク世界での共通語としての英語にはあてはまるが、中央集権を貫いてきたフランスにはあてはまらない。「フランス語」をアイデンティティにし、カトリック王による「普遍主義」が啓蒙思想家たちの普遍主義に受け継がれ、さらに後には共和国主義の「普遍主義」が国是とされた。すなわち、個々人がいかに多様であっても、個人や共同体を超えた普遍価値（自由、平等、博愛）があって、人々はその地平で理解しあい結びつくことが可能だという理念だ。だからこそ、近代西洋に広がったフリーメイスン運動やダンディズムや各種神秘主義なども、フランスでは、それぞれの共同体帰属の指針ではなく、サロンでのお遊び、貴族趣味、カリカチュアの対象などになっていく。普遍理念があるからこそ、表現の自由と寛容が共有されているのだ。

つまり、フランスの普遍主義や合理主義というのはがちがちの原理主義とは反対の、「遊び」を内包できるハイコンテクストだというわけだ。これは、フランス・バロックの黄金期と同時代の日本が長い間、質実剛健で厳しい「儒教文化」に表向きは縛られていたものの、裏では「悪場所」と呼ばれる遊郭や芝居町などで贅沢と「粋」を追求して感受性を育んできたことと共通している。しかも、能や歌舞伎の語り物と音楽が形をとっていた時代は、宣教師たちが日本の神学校にバロックの古楽器や聖書をテーマにした宗教劇を導入したり、歌いながら聖像を運んで町を練り歩いたりした時代でもあった。キリスト教が徹底的に排除された後でも「隠れキリシタン」が存続していたように、戦国時代から安土桃山時代にかけての「南蛮文化」はその後の「鎖国」時代にもいろいろな形で浸透して、ハイコンテクストの日本文化を豊かにしただろう。

私と若い仲間たちは、ミオンの残した三つのオペラの総譜をすべて十弦ギターを含む三本のギターでカバーできるように編曲していった。古楽器でなくクラシックギターを使うのは、ドビュッシーが形容したように、ギターは「より表現力の高いチェンバロ」であり、他の楽器では難しい装飾音を可能にするからでもある。

そんな頃、二〇〇一年のアメリカの同時多発テロが起こった。その後でアメリカがとった徹底的に復讐するかのような態度や空気を、多くのフランス人が明らかにある距離をとって見ていたのは意外だった。アメリカは、テロを采配したビン・ラディンが潜伏しているとしてアフガニスタンを攻撃した。さらに中東を民主化すると称してイラクに侵攻することを国連軍に訴えた時、決然と反対したのがフランスだった。結局、英米軍が中心になってイラク戦争を始めて政権を倒したものの、以来、長きにわたって、中東情勢が悪化していったのは周知のとおりだ。

その期間、アメリカに追随する日本をじっと見ていることができずに、私はフランスの普遍主義を擁護する一連の本を書き始めた。『バロック音楽はなぜ癒すのか』（音楽之友社）はその一環として書かれたものだ。同時に、ぜひ日本の友人たちに私たちの演奏を聴いてもらおうという願いもかなうことになった。二〇〇三年、笹川日仏財団や神戸の日仏文化サロンなどの援助を受け、日本の伝統芸能の紹介をするアーカイブス・ジャパンを立ち上げたばかりの中村暁《あきら》さんを通して京都の法然院でのコンサートも実現した。東京の日仏会館やカトリック教会、聖公会系の大学の諸聖人聖堂での講演や、仕舞や尺八やお香と組み合わせた舞台も実現した。どこでも、歓迎してもらっただけでなく、なじみのないフランス・バロック音楽をすんなりと受け入れてもらえた。

パントマイムのヨネヤマママコさんも共演してくれた。ママコさんはフランスのパントマイマーであるマルセル・マルソーの影響を受けている。肉体の限界を超えるような抽象性に至るヴィルトゥオーゾの道へと進化したクラシックバレエなどとは違って、体の隅々までの肉体性そのものを脆弱性に至るまで再構成していくパントマイムはバロックの体の使い方と通底している。

エスカトロジー（終末論）の代わりにスカトロジー（糞尿学）

そのツアーに尽力してくれた中村暁さんが、翌二〇〇四年の春、狂言の茂山千作一門がパリでスーパー狂言『王様と恐竜』の公演をプロデュースした時に、私のトリオ全員を招いてくれた。梅原猛さんによるこの新作狂言は、金儲けのために他国に戦争を仕掛けようとする独裁者が、水爆のスイッチのかわりに、世界中に糞を撒くスイッチを押してしまうという話で、最後のシーンでは、舞台の上に吊られていたクス玉が割れて、金色の紙ふぶきが降ってくる。エスカトロジー（終末論）の代わりにスカトロジー（糞尿学）というわけだ。世界中が黄金に覆われ、しかも臭い、と、王様役の人間国宝、茂山千作さんが嘆く。金色に塗った発泡スチロール製のリアルなウンチも混じっていた。

前年の日本公演でお世話になったお礼にと楽屋に花を贈らせてもらったので、最終日に容器を回収しに行くと、着替えてフロアに出てきた茂山千之丞さんが、「これ、記念にさし上げましょう」、と、とぐろを巻いた発泡スチロール製のウンチを私に差し出した。その「記念品」は、捨てるわけにもいかず、自宅のサロンの家具の上に置いて、目にとめる人に、それをもらった経緯を話してはおもしろがらせていたものだ。

能楽『原子雲』ヨーロッパ公演をプロデュースして

さらに三年後の二〇〇七年の秋、やはり中村さんが、能楽のヨーロッパ公演をプロデュースすることになった。金剛流能楽師の宇高通成《うだかみちしげ》さんが主宰する宇高会が文化庁の支援を受けたものだ。公演前の準備で来仏した中村さんとパリで会った時、公演最終日の新作能『祈り』（原題：原子雲）のバックコーラスに参加する現地の人を探しているという話を聞いた。その『原子雲』はすでに、私が日本に行った時、東京の国立能楽堂に招待していただいて鑑賞していた。原爆で幼子を失った母親がたどり着いた「黄泉《よみ》の国」で、ヤナギの若木に生まれ変わったわが子と再会し、「失われた多くの命を忘れずに祈れば、再び生まれ変わる」と聞いて俗界に戻るという筋書きだ。二〇〇一年のアメリカ同時多発テロやその後の中東戦争などの情勢を憂えた宇高さんが平和祈願のために書いたものだという。
コーラスは被爆者が「熱い」、「水」、「おかあさん」などと叫ぶもので、迫力があるが恐ろしく、面をつけた被災者の姿を演じていた。原爆記念日やお盆に近い時期だったせいか、この公演によって、被爆者の「霊」がそこにいる、というコメントがあったのが印象的だった。

フランス公演の後のドイツでは、コーラスを担当するグループがすでに決まっているということだった。フランスでは、男性五人、女性五人で、日本公演のように被災者の姿で舞台に出る必要もないが、コーラスの部分をフランス語に翻訳して歌ってもらいたい、と中村さんに頼まれた。めったにない機会だと思った私は、「いいですよ、私、参加します」と答えた。ところがいつの間にか、十人の歌い手全員を私が調達するような話になってしまっていた。もちろんボランティアでなくてはならない。どうしようかとあせった。

私以外の四人の女性は比較的簡単に集まった。パリの合唱団に所属する人や、日本人会でシャンソン教室を開いている人など、普段から接触のある日本人女性がすぐに引き受けてくれたからだ。問題は男性だった。本番は夜八時からだったけれど、その前週に、平日の午後のリハーサルに参加しなくてはならない。平日の午後に休みを取ってもらえるような男性は少ない。けれども幸い、学校では万聖節の休みの終わりの方だったので、「学校の先生」なら可能だった。トリオのメンバーのギタリストはすぐＯＫしてくれた。彼は音楽教師であり、自分でも中学生のために音楽劇を作曲したり演出したりしている。もう一人、過去にロートレックとのアンサンブルでよく一緒に公演したギタリストのシャルルも快諾してくれた。彼も音楽学校の教師のほか、合唱指導もしている人だ。私がヴィオラで参加しているカルテット仲間のヴァイオリニストのジャンもすぐに引き受けてくれた。彼はリタイアした元パリ市職員だが、アマチュア・オペラでも歌っているバスの歌い手でもある。彼が一番、時間に余裕があるので、『原子雲』のビデオ、楽譜をかなり前から熱心に研究して準備万端だった。その他に、やはり知り合いのカトリック学校で合唱団に入っている先生を介して、その学校の生徒の父親で合唱団のメンバーでもある教師などが加わった。

イントロに日本語での短い歌を歌うほかに、能の中でのコーラスは、原爆で見失った子供を探しに来た母親の嘆きの後ろで、「おかあさーん、おかあさーん」「水ー、みずー」「熱ーい、あつーい」「助けてー、たすけてー」などと短いフレーズの唱和を繰り返すものだ。最後は「私たちのために祈って」としめくくられる。これらをフランス語で歌うのだ。

リハーサルの日の午後、日本から来て合唱指揮をしてくれる合唱指導の女性が、私たち十人の立ち位置や、タイミングや、強弱などのニュアンスなどを教えてくれた。女性はみな日本人だから必要がないけれどフランス人男性五人のためには私が通訳しなくてはならない。でも、事前に渡した資料でみなストーリーは把握しているし、経験も豊富だし、やる気も満々だし、日本文化会館という場所にも興味津々だし、なによりも、指導の女性が歌って見せるだけで音楽的な機微がすぐに通じるので、スムーズに進んだ。バスのジャンが朗々と歌ってくれたので、みな大船に乗った気にもなった。

こうして、一通りの練習が終わった後のことだ。指揮の女性がこの新作能の作者でシテでもある宇高通成さんを客席に呼んだ。客席からどんな感じで聞こえるかを確認してもらうためだ。宇高さんの前だということで、私たちは少し緊張して、その前の合わせで指示されたことを忠実に再現して歌った。悪くなかったと思う。

合唱指揮者が宇高さんの方を振り向いて、「いかがですか」と聞いた。

すると、宇高さんは、何も言わずに、私たちの方に歩いてきて、舞台に上がり、話し始めた。

「私はこの能を上演するにあたって、最初に朗読してくれる女優さんと一緒に広島の平和記念公園にお参りに行くことにしました。原爆死没者慰霊碑の前に二人で立ちました」

「安らかに眠って下さい　過ちは繰返しませぬから」という有名な碑文が刻まれた御影石のアーチが目に浮かぶ。その向こうには原爆ドームが見える場所だ。宇高さんは、この能を犠牲者の霊に捧げ、公演の成功を祈って、目を閉じ、深く頭を下げて黙禱《もくとう》した。

そのことをジェスチャー入りで話してくれた。私が少しずつ通訳するのを待ちながら、ゆっくりと続ける。

「ところが、です」、宇高さんは、はっと顔をあげる。

「目を開けた私の前に、慰霊碑の向こうに広がっていたのは……」

「……」

「火の海でした」

「……」

「戦争は、」

「……」

「終わってなんかいなかったのです」

私たちは息をのんだ。

「では、もう一度、どうぞ」

と言って、宇高さんは客席に戻った。

その後でまた私たちは、「おかあさーん、おかあさーん」「水ー、みずー」「熱ーい、あつーい」「助けてー、たすけてー」と歌い、「私たちのために祈って」と繰り返した。

自分たちが何をどう歌っていたのかもう分からなかった。

私たちは火の海の中にいた。

終わると、宇高さんは「はい、非常にけっこうです」と一礼された。

私は子供の時にはじめて広島の原爆記念館に行って以来、フランス人観光客も何度か連れて行っている。でも、今思うと、被害の大きさや恐ろしさは記憶に刻まれたものの、それを「生きた」感覚などなかった。宇高さんの言葉で私たちは「ヒロシマの原子雲」の中に身を置いた。「ヒロシマ」の「火」は、その時以来、私の中で消えることはない。

この新作能は、その三年後、『平和への祈り…原子雲』として宇高さんの念願だった広島での公演が実現したという。

この体験にフランスで出会ったことは象徴的だった。日本に米軍の原爆が投下された時に真っ先にそれを弾劾、悲憤したのはフランスだったし、二〇一一年の東日本大震災の津波による福島第一原子力発電所の事故への反応もすばやいものだった。米軍が第二次世界大戦末にドイツ軍を攻撃する名目でフランス本土を無差別爆撃したことも一貫して負の記憶となっていた。東日本大震災の被災者支援のチャリティコンサートを私が企画した時に、コンコルド広場の海軍サロンを喜んで提供してくれたのもフランスの海軍大将だった。楽屋に使えるのは、マリー＝アントワネットの処刑判決にサインがされた場所だという。

将校クラブも積極的に動いてくれた。結局、私たちのバロックトリオだけでなく、バロックバレエの仲間やカウンターテナーの歌手、ハープ奏者が共演してくれ、フランス在住の日本人が琴の演奏やフルートの演奏で参加してくれた。このコンサートの準備から本番まで、終始フランスならではの共感が寄せられるのを確認できた。アメリカのような国でも、特定の篤志家《とくしか》、慈善団体や財団などの応援は受けることができるかもしれないけれど、会場だけでなくリハーサル時の飲み物やコンサート後のパーティまで提供してくれたのが「海軍大将」の采配だったということは象徴的で今も忘れられない。

バロックと能の親和性

フランス・バロックと「能」との関係では、もう一つの試みと出会った。私たちの最初の日本公演に助成金を出してくれたパリの日仏財団で行われた「バロック演劇と歌舞伎」という映像資料と実演付きの講演だ。それまで演劇部分だけの公演が普通だったモリエールの『ブルジョワ・ジャンティオム』に音楽と踊りをつける演出がフランスで話題になったバンジャマン・ラザールとルイーズ・モアティが、バロック音楽演奏家二人を連れて青山学院大学で公演した後の報告会だ。一七世紀のフランス演劇や歌舞伎は観客に向けて上演される劇であり、観客の期待に応え、観客に語り、演出そのものを見せていた。それが、しだいに客席が「四つ目の壁」といわれるように、劇は観客がいなくても成立する「別世界のリアル」となっていく。観客は自分がいなくても成立する世界の出来事をいわば盗み見ているわけだ。この傾向は、映画の登場だけではなく、演劇のテレビやビデオの配信によってさらに増大して、「生」の音楽や芝居を視聴したことがないという世代さえ生まれている。

フランスでは特に、革命によって、宮廷や教会を支えにしていたバロック音楽の伝統が一度途絶えた。それからは、ヨーロッパを席巻した商業的コンサート文化に呑まれていくわけだが、日本でも、明治維新と共に西洋の「平均律」音楽とそれを駆使したヴィルトゥオーゾ文化や演劇が席巻した。ところがフランスとは違って、日本では西洋風演劇が輸入された後でも歌舞伎や能は平行して続いていたし、邦楽や日本舞踊も絶えていない。むしろ「輸出価値」が生まれた。だからこそ、一九世紀末のパリで演劇雑誌「ル・テアトル」の表紙にもなった貞奴の公演はジッドやアルトーらフランス演劇に多大な影響を与えた。ベル・エポックと呼ばれる時代のパリでは一九世紀半ばから二〇世紀初頭まで五度も万国博覧会が開かれている。いわゆる「植民地」文化ではなく、異世界だった日本から来た二人の芸者、貞奴と花子はパリのアーティストのインスピレーションの根源にまでなった。若きピカソは貞奴の舞台姿をスケッチし、ロダンに至っては花子の顔をテーマに五〇品以上の彫刻を残した。貞奴の琴の演奏は、ドビュッシーの交響曲「海」に影響を与えた。

彼らからの絶賛と積極的な取り入れは、失われたフランス・バロックの濃縮された官能性や踊りと曲が一体になった語り物の伝統という素地が日本の歌舞音曲の伝統といかに通底していたかということを物語っている。

まして、二〇世紀に「再発見」されたフランス・バロックを実践している今のフランス人ア

ーティストが日本で歌舞伎や能を観るとその親和性に驚くわけで、私たちのバロック・グループが音楽を通して気づいたものに、演劇人もほぼ同じ感慨を抱くのは不思議ではない。日本で公演したバンジャマン・ラザールは、日本の古典芸能の世界に魅せられた。

フランスでは、もともと雄弁術の弁士は役者のように、役者は雄弁術の弁士のようにその技能を発達させてきた。肉体はディスクールの座でもあると同時にレトリックの場として意識され演出される。一七世紀の発音と抑揚で展開されるフランスの寸劇は狂言そのものだ。画像のようにぴったり決まる「型」が、静止ではなくそのまま次の所作や語りの躍動につながっていくのは興味深い。

(私自身もバロック演劇の研修に参加して必死にテキストを暗記したことがあったが、一七世紀の発音はパスした。しかし一七世紀の発音のどこまでも尾を引く感じが、歌舞伎の言い回しなどに似てくるのはおもしろく、発音のし方に意味があることが分かった。尾を引くというより、隠れている音が全部繰り出されてあらわにされるという感じだ。実際は、一七世紀においても、日常生活では多くの子音や二重母音はもう発音されていなかったという。演劇の世界でだけ、畳まれ飲み込まれている音が余韻をもって開かれ伸ばされていたわけだ。歌舞伎や狂言、能の言い回しが、中世や近世の日本の観客にはどのように聞こえていたのかも興味のあるところだ。)

報告会と実演の後のパーティで、イエズス会劇が一六世紀の終わりから一七世紀はじめに阿国《おくに》歌舞伎に直接影響を与えた可能性や、当時導入されたオルガンや自動楽器によるバロック音楽の伝達などについてバンジャマン・ラザールに話した。彼も、狂言から能に転向したという小早川家で能や狂言の実演を体験したということで、バロックの所作と日本の伝統演劇の所作の間に親和性があることを見抜いていた。

フレンチ・エレガンスというのは、日本でいえば「粋」などにも通じるので、動物性だとか生の感情だとか、天才性だとか、逆に努力の限りを尽くしている必死な様子を見せるとかいうのは、上品ではない、という感覚がある。ましてや、体の可動性を最大にしたり音符や音量を最大にしたりすることで観客を圧倒することは考えない。だからといって中途半端に何かをするわけではなくて、実は計算しつくして、最小の動きで最大の効果をあげるように密度と強度を高めるわけである。バロックバレエの踊り手は装飾過剰な衣装で可動域が制限されるかに見えるし、日本舞踊の踊り手も、着物や帯の締め付けで手足の可動域が狭いように思えるが、実はどちらも、残った可動部分をさらに練り上げることで自分自身の「外」と「内」の境界を行ったり来たりしている。その感覚に観客を誘うことができるかどうかが技量ともなるのだ。商業化していくバレエで、素人には不可能なジャンプの高さや回転の数などが「価値」を生んでいく世界での「競争力」とはなり得ない。

能管との共演

フランスでの能公演『祈り（原子雲）』と、海軍ホールでのチャリティコンサートから生まれた新しい縁がもう一つある。二〇〇七年の能公演に能管の演奏で出演していた方が、二〇一四年の二月に、やはりパリ日本文化会館での公演に出演することになったのだ。しかも、なんと、「『オペラ@能楽堂 Vol.1　アクテオン／リヴィエッタとトラコッロ』〜能・狂言の様式でバロックオペラを〜」というのが演目だったのには驚いた。

キャッチコピーには「聴けばオペラ、観れば能・狂言」というものだった。「ヨーロッパと日本で一六世紀末から一七世紀にかけて、ほぼ同時期に発展してきたバロックオペラと能楽。双方とも宮廷や大名などの保護のもとで発展してきた文化で、多くの類似点を見つけることができます。その類似点をうまく融合し、新しい形のオペラを作り出していこうという試みです」とある。渋谷のセルリアンタワー能楽堂で上演したものが基になっているそうだ。「アクテオン」はフランスのシャルパンティエのオペラだけれど、リュリーと同時代の一七世紀後半で、ラモーが開いた新しい時代以前のものだ。「リヴィエッタとトラコッロ」はナポリのペルゴレージのオペラ・ブッファ（幕間劇）で、こちらの方が時代的にはラモーやミオンと近い。

「聴けばオペラ、観れば能・狂言」の謳い文句通り、チェロ、チェンバロなど小編成のバロック演奏者は片側に位置し、別の側にオペラのソリストたちが女性も含めて紋付き袴という姿で、能の「謡い」のように座っている。もちろん歌手たちによる演技はなく、オペラの音楽に合わせて能舞台の上で能楽師が舞うという趣向だ。

「アクテオン」は、ギリシャ神話が題材で、狩りの女神ディアーヌ（ダイアナ）の水浴を覗いてしまったアクテオンがディアーヌから鹿の姿に変えられるという、一七世紀フランスオペラではよくあるテーマだ。当時のフランスでは、演劇に関しては、「三一致の法則」というのが原則だった。「時の単一」「場の単一」「筋の単一」で、芝居の中で、一日のうちに同じ場所で筋の起承転結があるという制約だ。これはギリシャ劇に基づいた演劇理論がイタリア経由でフランスに来たものだが、フランスは、この芝居の中での朗詠法を発展させて、それがオペラにも応用されていった。けれども、「棲み分け」が起こって、オペラやオペラ・バレエは、神話的な非日常、異世界に、神々が登場するなど、幻想的で人工的な題材が選ばれ、演出がなされていった。王立のバレエや音楽アカデミーが次々と作られて、常設バレエ団を持つオペラ座ではからくり仕掛けや大道具を駆使することができたから、「異界」を現出させるのも可能だったのだ。

その意味では、フランスのバロックオペラの舞台は能に見られる「幽界」の現出に通じる。また、大掛かりなからくりは、むしろ歌舞伎の「けれん」の演出などとの方が親和性があるといえるだろう。私がトリオの仲間を最初に日本に同行した時に真っ先に連れて行ったのが、国立劇場でやっていた鶴屋南北の『天竺徳兵衛韓噺《てんじくとくべえいこくばなし》』だった。これも、主演の市川右近と懇意の中村さんが切符を手配してくれたもので幕間には楽屋まで連れて行ってもらえた。演目は「オペラ」ではないが、大掛かりな舞台仕掛けから男性ばかりの出演というところまで、最盛期のバロックオペラと同じこだわりが伝わってきて仲間はすっかり歌舞伎のファンになった。

（その後で連れて行ったのは、宝塚だった。レビューの演出力の高さ、音楽のレベル、エンターテインメントとしての完成度、そして「過剰」と「男装による倒錯の隠し味」など、これも、フランス・バロックオペラと通底しているので、仲間は予想通り魅惑されて、楽譜やブロマイドなどを買いこんでいた。）

話を戻そう。このパリでのバロックオペラと能の共演という企画に能舞台の演者として参加したのが七年前の『平和の祈り…原子雲』公演にも出演していた能管の槻宅聡《つきたくさとし》さんだった。オペラとの合わせは現地で、能舞台とのつなぎを縁どるような役割が期待されている。私たちのトリオは、わくわくしながらこの共演を観に行った。

演出の斬新さは楽しめたけれど、何よりも印象的だったのが、この世とあの世の境界を引き裂くような能管の響きだった。オペラの演奏の方は、もともと肉体性の「揺らぎ」や「遊び」や「即興性」を内包しているバロック音楽の「間」がなくて、ぴたりと始まりぴたりと終わる完璧なものだったことに違和感を覚えた。体の動きや「語り」の方向よりも「楽譜」への忠実さが優先しているようだった。「本場」のフランスで演奏するのだからと、一層「完璧」さが目指された結果なのかもしれない。

フランス・バロック音楽の楽器は、特にオーボエに特徴的なように、人間の「声」を模倣する。それは肉体性を持った「語り」であって、演奏者としてのテクニックを前面に出すようなものではない。私たちはすでに、二〇一〇年の二度目の日本公演で、日本のトラヴェルソ（バロック・フルート）奏者と共演できた。エジプトを舞台にしたミオンのオペラ『ニテティス』（フリーメイスンの影響が強い）の中で、イシスの司祭が精霊を呼び出しているシーンに出てくる「精霊の踊り」の歌の部分を吹いてもらったのだ。バロック・フルートは「息」の流れそのもので、「霊」そのものでもあった（このフルート部分は翌年のパリでのチャリティコンサートではフランス人のカウンターテナーが歌ってくれた。彼も空手をやっている日本ファンだ）。そのためには、日本のクラシック音楽の教育によく見られるような機械的な完璧さとは別の感性を養わなくてはならない。特にオペラでバロック・オーボエのパートに求められるのは、「揺らぎ」や「即興性の興趣」だから、それを封じると全体の語りが滞る。

もっとも、バロック音楽演奏「復活」の歴史には、世界的に、端正な「古楽」へと落とし込んできた時代がある。バロックの建築や絵画や彫刻にある過剰やうねりが同じ「バロック」という形容がつく音楽には欠如していたのだ。それが一九六〇年代半ば以降、バレエの振付譜の発見と共に劇的に「再発見」されてきたわけで、刺激的な時代があったものの、「テクニックに難があるピアニストが鍵盤や音符の少ないチェンバロに転向する」といった安易な取り組みもあり、一時のブームの後は、ものめずらしさや貴族趣味に再び陥る傾向も確かにある。（逆に、興行として成り立つかどうかという基準が優先して、「現代バロック」という形容矛盾で別のクリエーションも一部で行われている。バロックの身体性を表現するには実は頭で計算しつくすという知的作業が必要で、膨大な研究時間が必要だからコストパフォーマンスに見合わないのだ。そういう知的作業そのものにぞくぞくする者も少数者だが存在するが。）

さて、揺らぎやうねりを欠いたために「異界」とは別の側にあった音楽を救ってくれたのがまさに「能管」で、「こちらの世界」の秩序を引き裂いて「あちらの世界」の扉を開いてくれた。器楽アンサンブルには見られなかった技量と哲学とが、笛一本で現出したのだ。

公演の後で槻宅さんと話し合ったら、秩序と非秩序についての感じ方が逆であることが判明した。

西洋的には、神が「良し」とした天地創造の結果、この世には本来は万物が交感する秩序があるし、人間も神の似姿だから完全な調和があったはずだ。けれども神が人間に「自由意志」を与えたことで、その秩序は壊れた（エデンの園でアダムとイヴが禁断の木の実を食べて放逐されたという物語だ）。でも人間には「失われた楽園の秩序」への郷愁と直感がある。この世での混乱や非対称や歪みやねじれの中で、何とかあの世の調和を垣間見ようとする。そこは「秩序と自由とが調和している世界」だと言ってもいい。

槻宅さんの感じ方では逆で、この世は人間の決めた秩序がまかり通っているから様々な制限がはりめぐされているけれど、それは仮の世界であり、それを打ち破った向こうの世界にこそ「人間の作ったコスモス」ではない何かがある。それが「無」ではなく「空」と呼ばれているものなのだろう。

これは別に能の囃子方の共通見解などではなく彼個人の感じ方であり、そのことについて他の能管奏者などと話し合ったことはないそうだ。また能楽師の演奏演技も実は過剰さに向かっているそうで、芸の向こう側にある過剰な音響・生命力を修業で養うためには、表面的にきれいになぞったような演技・演奏は非常に嫌われるということだった。演奏のテンポなども、舞台が佳境に入ると当然奏者の鼓動、体温なども上昇するから自然に速くなることがあるという有機的なものなのだそうだ。パリの舞台での自分の演奏がいったい何を担っていたのか、どんな役割を果たしていたのかは言い表せないが、フランス・バロックでも能の幽玄美のようなこの世とあの世をつなぐ方策を求めていたと知って、その見えないもの、聞こえないものをあらわす手段として身のこなしと音楽があるという考えの共通点に同意してもらえた。

もっとも、「この世のものとは思えない美」としていろいろ提示されるものは仮の姿であって、それを破らないと「真」に触れることはかなわない。触れたと直感した「真」を取り出して見せればその瞬間にそれも「偶像」になってしまう。この世界においては、「真」や「美」はそれに向かう欲求と意志の中にだけ宿るものかもしれないし、それも「鉄の意志」などではなくて、繊細で脆弱なもので壊れそうなものでもあるから、この世のものである「知的作業」によって少しずつ道をつけていくというのがフランス・バロックのイメージだった。私がそう言うと、槻宅さんは、「風姿花伝」の「秘すれば花」と「時分の花・真の花」を想起し、ヨゼフ・ピーパーが『余暇と祝祭』（講談社学術文庫）の序文で「日本の古い箴言に、人がその名を呼ぶやいなや花であることをやめてしまう秘められた花について語っているものがあります」と言っていることを教えてくれた。

日本とフランスの死生観

槻宅さんとのやり取りを通じて、あらためて、日本とフランスの死生観について考えさせられた。あらゆる時代のあらゆる地域の人間社会において文化の根源を形成してきたのは誕生と死による「無」と「有」、実在と非存在のとらえ方、有限性の認識だ。日本の民間信仰と習合した日本仏教、道教、その影響を受けた日本の神道の世界では、「誕生の前」や「死の後」の世界がパラレル・ワールドのようにイメージされるが、近代世界のグローバル・スタンダードを形作ったキリスト教世界においては、それは現世を「超越」したものと認識される。日本的な「あの世」に、山のかなた、海のかなた、海底、西方浄土のような「遠さ」の感覚が伴っているとしたら、キリスト教世界の「あの世」は天の国という「高さ」の感覚を伴うのだ。

しかしどの文化でも、個人の「誕生の前」や「死の後」の世界を短いスパンで考えた線的な通過儀礼とは別に、「あの世」には、この世での時空の観念を超える異界が想定されている。特定の「ご先祖さま」も、やがて習合的な先祖神となり、自然神とも習合してい

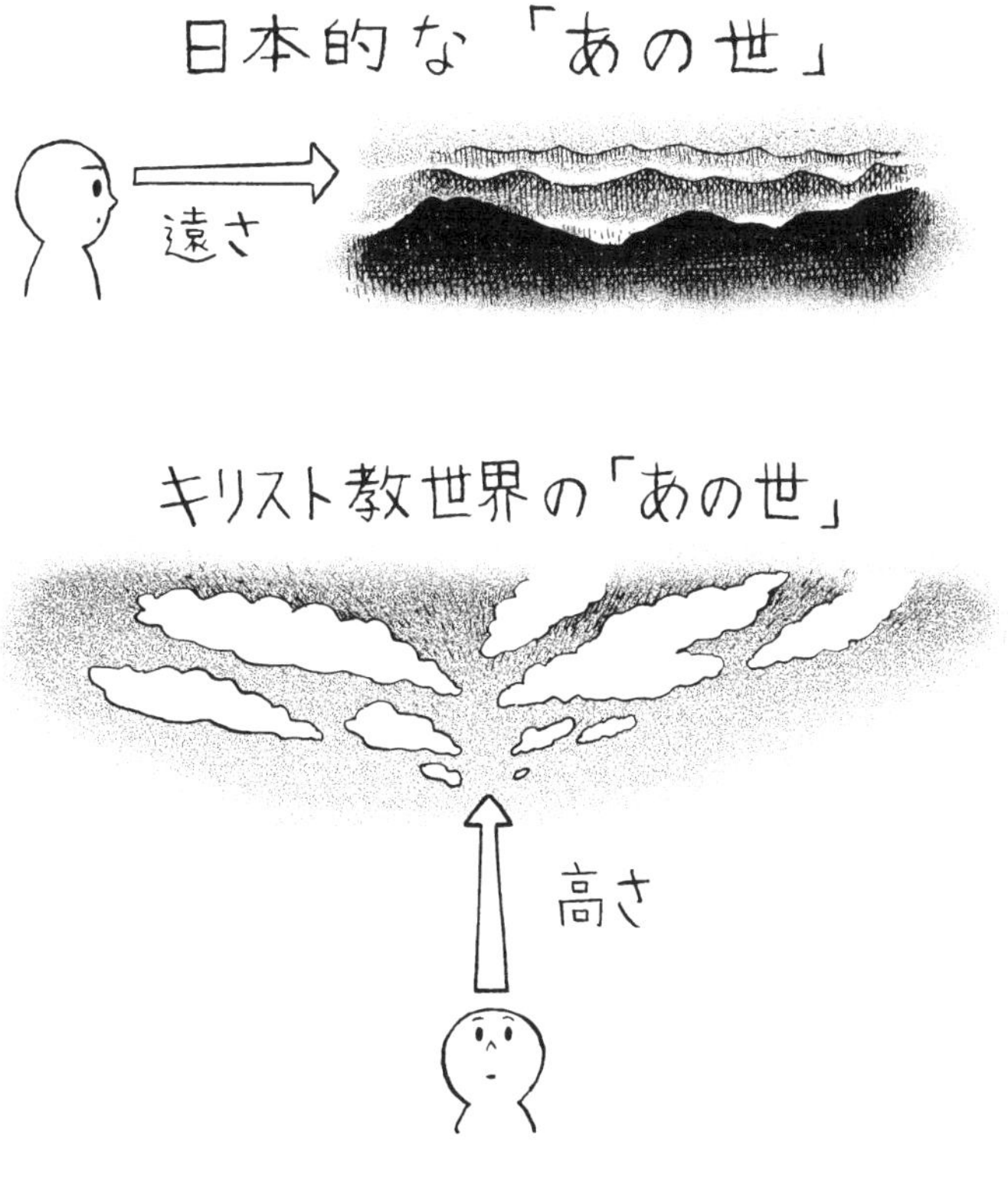
日本的な「あの世」
遠さ
キリスト教世界の「あの世」
高さ

く一方で、草木に至るまで仏性を宿す汎神論的感覚は、有限の生を生きている最小の個人の中にも「無限」とつながる「あの世」の扉を開くのだ。同じように、草木に至る万物の創造神をたてるキリスト教は、「神のみ旨」によってより集合的な歴史の流れを誘導してきたが、一方でやはり、有限の生を生きる個人の中に神の神殿を見ている（「わたしたちは生ける神の神殿なのです。神がこう言われているとおりです。『わたしは彼らの間に住み、巡り歩く。そして、彼らの神となり、／彼らはわたしの民となる』（2コリント6－16）」）。それはギリシャ哲学がそれまで模索してきた霊肉二元論を根本から覆すものだった。

近代以降の世界を席巻することになった西洋文明の発祥地であるギリシャの都市国家の人々には大きな三つの課題があった。

私は何を識ることができるのか？
どのように都市国家を運営するべきか？
私はどのように生きればいいか？（よい人間であるにはどうすればいいか）

の三つだ。

最初の疑問は、「科学」の道が答えを求め続けるよう選択することで解決した。次の疑問の答えは「民主主義」だった。最後の問いの答えだけが、「哲学」では解決できなかった（近代西洋哲学者もスピノザ以降この問いを立てることをやめてしまった）。ローマ帝国の「国教」として政治のツールになる前のキリスト教がその答えを与えた（隣人を自分と同じように愛すること、すべてのひとの中に「神」を見て、相対的弱者に寄り添うことなどだ）。

後に国教となったローマ・カトリックが、権力のツールとして性格を変えていったのは、権力と結びついた他の「世界宗教」と同様だ。それにもかかわらず、人生で出会う困難や怒りや苦しみをどのような心の持ち方で回避するか、神の言葉の啓示である聖書をどのように解釈するか、災厄忌避や病の治癒を願う呪術的心性をどのようにコントロールするかという三本柱によって、科学技術の発展した今日のグローバル世界にまで生き残ったのは奇跡的だと言えるだろう。

その三本柱を維持することにおいて大きな役割を果たしたのが、絵画彫刻や音楽だ。それまで「神」に捧げられていた芸術が、プロテスタント登場後のカトリック改革によって、「信者」の五感に直接訴えかける「バロック芸術」へと進化した。フランスでは、音楽も、オペラのアリアに使われる演劇的要素がモテットの宗教音楽に転用されたり、バロックバレエのダンス曲がオルガン曲に転用されたりした。ローマ教皇の権威との直接的結びつきの強いイタリアやドイツ（神聖ローマ帝国という権威を利用していた）と違って、王権神授として国王が司教を任命するなど教皇のように振舞っていたフランスは、独自のバロック世界を創出できた。知的に構成しながら自ら演奏したり踊ったりする形で「受肉」した芸術がどのように霊的なものに結びつくのかを無意識に模索していたと言えるだろう。

もとより、目には見えない音楽には、文化を問わず、「あの世」へのアクセスを可能にしたり、「あの世」をこの世や個人の心身に現出させたり、「あの世」を創出する力がある。それは「この世」と「あの世」という二元論を超えるということだ。近くのものを遠くに、遠くのものを近くに見るという武芸の極意と同様、視座を変えるということでもある。視座を変えることは、言うのはたやすいが行うのは難しい。視覚情報の処理はいつも、伝統的で人為的な複雑な秩序体系に添って行われるからだ。私たちは「音」によってそれを乗り越えられるのだろうか。「音」はいつも、私たちの呼吸している同じ空気を振動させてやってくる。息であり、霊であり、命であり、祈りであるような「音」の「場」を私たちは共有することができるのだろうか。

フランス・バロックの普遍主義

それ以来、ジャン＝フィリップ・ラモーによる数学的に構築されたハーモニー理論によって一つの境地に達したフランス・バロック音楽がいざなう霊的世界と、生と死の境界領域を表出してきた日本の「能」の世界という二つのシンボリックなアプローチが交わるところはないだろうかと考えるようになった。「有限」から遠くに行くことを互いに望む同士の出会いの中で「無限」を表出させることができないだろうか。たとえできたとしても、それが「美」を超えた「真」に至るためにはいったい何が必要とされているのかは分からない。その試みが「祈り」のような宗教的な感覚とつながることは槻宅さんに示唆された。そこにあるのは、最終的には「連帯への意志」だと思った。

単純に、「彼岸」や「超越」へ到達することの望みや試みなどではなく、超越との境界線を通して互いにつながろうとする人間の願いこそが最も大切な何かであり、そこでは集合的なサイコエネルギーのようなものが生まれる。それがどのような形をとるかについては、もちろん「文化」によってヴァリエーションがあるとはいえ、実はかなりシンプルなパターンがうかがえる。見た目の差や儀式の手順の差などではなく、「彼岸」へのコンタクトの仕方、喚起するのか憑依させるのかを含めた現前のさせ方、情動と意思の関係、なによりも、存在の根の部分で、人間はそれをすでに「知っている」という感覚などだ。

フランス・バロックの普遍主義は、そのようなまさに普遍的なアプローチが可能だと思わせてくれた。聖霊を呼び出す儀式のシーンを弾くためにエジプトの儀式の実態など知らなくてもいいし、ミオンやラモーを理解するために一八世紀の宮廷のことを知る必要もない。それなのに、バロック音楽は「古楽」というレッテルを貼られ、能はもっぱら「伝統芸能」として継承されるので、誤解が生まれる。けれども、ある哲学者がプラトンを研究していると言ったら、「紀元前五世紀のアテネの人の感覚を知る必要がある」などという人はまずいない。考古学を研究することが、古いものが「好き」だという好みの問題ではないというのと同じだ。アートにおける「創造」も、好みの問題などではなく、この世とあの世を区別しないような「全体」にアクセスしようとする不断の意識の向きの中で生まれる。

ラモーやロダンなどのようなアーティストは、そのような「全体」を、「直観」や「霊感」でとらえるのではなく、膨大な知性のフィルターに通して取り出してくる。ラモーの音楽の軽々とした「自由」は実は堅固な構造に支えられているし、「神の手」を借りて自然に表出したかに見えるロダンの作品も緻密で徹底した観察と計算を経たものだ。特に、再現芸術である音楽は、演奏家にとっては「構造を解析する」というステップなしには「自由」の境地を分かち合うことができない。

ラモーの曲の中にあるモチーフはとても短いことが多い。まるで、創造神があっちにひと投げ、こっちにひと投げ、と楽しんでインスタレーションをしているようだ。モザイクのようでもあり、即興のようでもあり、クラシック音楽のように、はっきりしたテーマが理解できてそれが展開していく分かりやすさはない。バッハの宗教音楽のように建築的でもなく、「天地創造」に似ていて、しかも、旧約の神と同じように無邪気で、モチーフを打ち上げて「これでよし」などと言っている。だから、弾く方は、いわゆる初見で、楽譜に書かれている音符を順々に弾いていくのでは何のことかさっぱりわからない。ラモーの時代は、楽譜に書き込まれている指示が少なかったことも理由の一つだが、ラモーを再現するには本当に、ラモーと同じレベルでクリエイトしなくてはならないので高度な知的作業になるのだ。

世の中には、ただ書かれているように機械的に弾くだけでも（つまりＩＴのプログラムで再生しても）それなりに「聴ける」「解かる」音楽がある。たとえばバッハの曲でさえ、各パートがとても複雑でびっしり書き込まれていても、和声進行のロジックを解読さえすれば、非常に明快で、実は暗譜するのもそう難しくはないものが少なくない（チェンバロ曲など音符が多いので弾きこなすのが難しいものはたくさんあるけれど）。フランス・バロックを完全に再現するには、ハーモニーの彩度や、リズムの中にある舞踏性、メロディの中にある「語り」を同時に理解する必要があった。

「全体と出会う」体験

何十年も同じ仲間と同じジャンル（フランス・バロック）の曲を研究し演奏し続けていると、「音楽を理解すること」における出会いの深さが実感できる。前述したように、ある音楽を理解すること、本当に出会うということは、その核になる構造を理解することだ。メロディラインが流れていき変遷する表層部分ではない。弾く前にすでに見えていて、弾きながら構築して弾き終わると一つの全体が現れることを成り立たせているような構造である。それは何拍子の何調の曲だとか主題と変奏があって何度繰り返されるかというような「形式」のことではない。もちろん形式や構成をつかめないと演奏は不可能だし、一生をその形式にのっとった演奏技術の確かさとそれに自分の個性を乗せていくことだけに費やす演奏者もたくさんいる。それはいわゆる「音楽鑑賞」においても同じだ。オペラのあるメロディを気に入って何度も反復して聴いたり口ずさんだりする。でもそれは「出会い」の最終段階ではない。例えて言えば、ある大聖堂にやってきて、外からそびえたつ鐘楼を見て感動するとか、中に入って華麗な薔薇窓を通して射す光に魅せられるとかいうようなものだ。大聖堂を魂のある構築物としてまるごと分かる、という出会いとは別のものだ。

もちろん、断片的なものであっても耳に快く繰り返したくなる音楽というものはある。だからこそ、人の心を容易につかむコマーシャルソングというものが成りたつのだ。クラシック音楽の「有名なフレーズ」も同じで、何度も耳にすることで「知っている」気になってしまうものは商業価値も高くなる。しかし敢えて言えば、それは一種のフェティシズムだ。ある人の小指が好きだからと言って愛撫し続けるとか、あるうら若いアイドルの姿かたちにほれ込んで部屋にポスターをはりまくるとかという形の充足は、はかなく移ろいやすいものでしかない。自分にとって都合のいい部分だけ、あるいは自分の力量に見合った部分だけとの「出会い」は、その部分の所有を欲する心を生み、相手の「全体」の存在を受けつけないことすらある。

音楽だけではない。若い頃にも読んださまざまな「古典」を今読み返してみて、昔はまったく見えていなかった部分が「分かる」という体験をしばしばするようになった。それは昔からそこにあったのに、私は出会っていなかったのだ。そして昔には見えていなかったある部分と出会うことが引き金になって、突然全体が「分かる」ということもある。その作品を生む時に作者を突き動かしていた力の構造の全体が見えてくるのだ。

それが聖書や聖典と名のつくものであればそれと「本当に出会う」ことはおそらく容易ではない。「納得できない部分」を拒絶したり無視したりすることもあるかもしれないし、「気に入った部分」を「自分のもの」にしようとするかもしれない。人は人生の中で同じものや同じ人と何度も出会うかもしれないけれど、そしてその「部分」を自分のものにすることさえできるかもしれないけれど、実は、「全体との出会い」はただ一度しかなく、その一度は決定的なものになる。相手を所有したり断片化したり自分の都合のいいように利用したり理解したりするものではなく、相手の全体を知ることで自分の全体とも出会えるような体験だ。それが本当に可能になるのは、相手と自分を同時に存在させている無限に大きな全体の中でのことだろう。その感覚をつかむには多様なものを統合に向かわせる「普遍主義」が必要だ。こちらの世界をさまざまなアイデンティティによって分断してそれぞれの権利を主張するような世界観とは対極にあるものだ。

能もバロックオペラも、単なる文化財だとか、好事家のサークルなどではなくて、もっと本質的なものを共有しているという確信は、フランスの普遍主義の中であったからこそ、重なる出会いの中で深まっていった。能楽の起源であり本質であるのは「祝福」であると槻宅さんは教えてくれた。けれども、現代は「祝福」そのものがわかりにくくなってしまい、神が出現する能（脇能という一群の作品）が上演されなくなっているそうだ。「演劇としての面白さに欠けるから」とよく説明されるが、逆に「祝福を起源とするからこそ、能楽は現代に価値を持つ」、「能楽においては、ストーリーの面白さは二次的なものだ」という。大学時代に小山弘志先生のゼミで能における憑依の問題をレポートにしたことを思い出した。

ラモーやロダンにおける「創造」も、もちろん「新製品のクリエーション」のような意味ではなく、超越的先験的に存在しているものがこちらの世界に侵犯してくるようなクリエーションであり、その境界領域を用意するのが「舞台」であり役者や演奏家だとつくづく思う。その侵犯を誘発するのが「祝福」であり、『原子雲』の「祈り」であったのかもしれない。パリ公演のうたい文句にあった能楽やバロック音楽が、「双方とも宮廷や大名などの保護のもとで発展してきた」という言葉は、選民的で保守的で古いという「歴史的」興味のようなニュアンスになりがちだ。つまりは「取り合わせの妙を生かした珍しい試みをする」というスタンスに落とし込まれる。でも私は槻宅さんとの出会いの中で、もっと原初的でそれゆえに今の市場社会ではむしろ前衛的な、霊的次元への侵入のような何かを創作できないかと思うようになった。

境界領域を表現する芸術

日本中世の能楽と、ヨーロッパのカトリック世界で、プロテスタントの宗教改革に対抗して起こった一六世紀末の反宗教改革の中で出現した「バロック芸術」との共通項は音楽や演劇だけではない。日本固有の侘び寂びのシンボルともされる「茶道」の作法にも実はカトリックの影響があると言われている。茶器を袱紗《ふくさ》で拭う仕草は、聖餐のワインを入れた杯を拭う仕草と似ている。茶道はその後、簡素で伝統的な作法、手続きを守るというイ

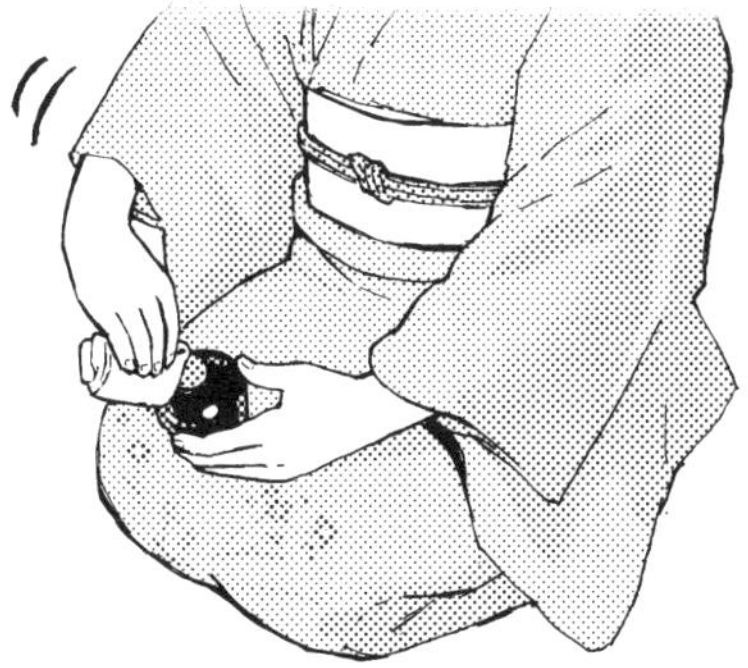

メージでとらえられてきたが、実は易経の影響も受けて、緻密な「数の論理」によって厳密な位置の決定（点茶者と茶道具）や順序や動作が定まっていると言われる。それだけではない。その「規矩法則」を完全に守った上で、各人がその場や身体条件に応じた臨機応変の点前《たてまえ》を行うことが要求されるのだ。それが単なる形式ではない「官能の美」を生む

【参考】関根宗中『綜合藝術としての茶道と易思想』淡交社）。

けれども、簡素さや計算された構造の中に実はそれぞれに固有な「身体性」や「官能」を追求するという試みは、それを継承するのも理解するのも決して簡単なものではない。実際、バロックバレエが途絶えて「高い技能を持ったプロフェッショナルによる商業的価値」を持ったクラシックバレエへと進化した後では、制限された可動域の中での官能の美を分かち合うというコンセプトは忘れられていった。二〇世紀後半にいったん再発見されたバロックバレエの実践も、次第に下火になっていった。「場」を共有することを前提にしたバロックはデジタル世界の中で肉体性を伝えることに不利で、プロの競技スポーツのように超人的パフォーマンスを披露できる分野と対抗するのは難しい。本来、バロックオペラの中でのバレエは、決して筋を中断するお休みタイムではなく、言葉で歌われる世界と音の世界の中間に別世界を可視化させる境界領域を出現させる「憑依の場」であったは

ずだが、その再現のハードルは高い。ラモーやミオンの曲にはもう振付譜が残っていないのでなおさらだ。

私たちのトリオは、最初の日本公演の時に出したバロック論の本を後から読んでくれたバロックダンサーやトラヴェルソ（バロック・フルート）奏者などが共鳴してくれたおかげで、二度目の公演でダンサーやトラヴェルソ奏者と共演できた。三度目は果たして、「能管」との共演ができるのだろうか。

槻宅さんとメールをかわす中で、前述したように、能管が此岸と彼岸の境界をたたいてあちらの世界を侵犯するという感覚は、彼にとって、こちらの世界が「秩序」であちらが「非-秩序」というイメージだと聞いた。グレコ・ロマンやユダヤ・キリスト教文化の世界では、数学や音楽や天体の動きが支配する完璧な調和と秩序の世界が「あちら側」で、こちら側が非秩序だと一般に受け止められているので、彼のイメージとは逆の方向だ。つまり、最初のカオス（混沌）からせっかく天地創造でコスモスが現れたのに、人間が自由意志によって犯した原罪などによって人的なカオスが再び出現してしまった。そこから神の創造の原初にあった秩序にアクセスしたい、帰還したいというアプローチであるような気がする。

フランス・バロックでは和声進行を大切にするが、有機的な不協和音というのは多用されていて、そこがやはりコスモスとカオスをつなぐ境界領域、通過領域になっている。そのねらいは、神の秩序をできるだけ真似て同調しておいて、そこですっと「ほころび」を作ることで、がたりと、「あっちの世界」にまるまる転換する、ワープするという印象を作り出すことだ。それは、トリック・アートの伝統や幻想文学の伝統にもつながっている。

一方、能管の音そのものが「非・秩序」でありこちらの世界を切り裂くものだとしても、裂け目の向こう側に何があるのかは「こちらの感覚」では所詮分からない。それでも、すべての芸術はその境界領域でつかんだ何かを表現しようとしているような気がする。槻宅さんは、恩師である野村萬師が、稽古の際に「狂言の世界観・笛の世界観」ということをしばしば言っていたことを受けて、能楽は多様な世界観を背負った役者が共演することで重層的な時空を創り出しているのかもしれないと言う。それはまさにバロック音楽のアンサンブルと同じだ。クラシック音楽の大オーケストラのように指揮者によって統率され、まるで一つの楽器のように指揮者の描く音楽世界を実現するのとは違い、すべてのパートがその時の自分の身心の状態を含めて互いを探り合い、共通の地平を求める。

築地本願寺での舞台コンサート

二〇一四年の初めのパリでの「バロックオペラと能」公演をきっかけに日本とフランスの伝統音楽に通底する「彼岸」への感受性をさらにすりあわそうと、私たちトリオと槻宅さんは秋に日本公演を企画することになった。そのために、これまでコンサートオペラの形での復活上演は無理だとあきらめていたミオンのオペラ『ニテティス』を、同時代の他の作曲家の作品も加えて再構成するダイジェスト版を企画することになった。それには日本語のナレーションが必要だ。一部にはフランス語の朗詠部分も挿入することにした。それと同時に、せっかくだからと、同じ曲を使いまわして、子供のための物語を別に作ることにした。二〇〇三年の最初の公演の時に宿舎を提供してくれたフランス系カトリック修道会が経営する養護施設で子供たちに聞いてもらいたかったからだ。そこでは、子供たちといっしょにメヌエットを踊るプログラムも入れた。(この時に外部から聴きに来てくれた人が、私たちの演奏したものは既存の童話に合わせた新曲だと思っていたことを、後から聞いた。すべては一八世紀の曲で、曲にインスパイアされて童話を書き下ろしたのだと知って驚かれた。)

この時（二〇一四年秋）の企画に積極的に参加して、山口県での公演を取り持ってくれたのは、二〇一一年の東日本大震災の被災者のために企画したチャリティコンサートで出会ったパリ在住画家の師井公二《もろいこうじ》さんだった。彼は、バロック音楽の中に込められた肉体性、官能性を理解してくれて、バレエにおける体重のかけ方の意識の話を聞いてから、自分も絵筆をキャンパスの上にどのように置くかということまで意識するようになったと言ってくれた。それ以来、彼の絵の前で演奏したり、私たちの演奏のステージにキューブを並べるインスタレーションで参加したりしてくれるなど試行錯誤を重ねてきた。（二〇一七年の山陽小野田市でのコンサートでは、その時に組んだ新しいレパートリーであるラモーのプログラムをフランスで聴いた師井さんがイメージして制作してくれた絵画が舞台に配された。ラモーを弾いている時に、そのモチーフがずっと揺れて動いていたという観客の感想をいただいた。）

音楽の演奏とは、空間を音とリズムで彫り刻むものでもある。絵画を背景に、インスタレーションを前に、師井さんが設計した空間に体と楽器でとび込んで共振していくことは私たちにとっても刺激的なクリエーションだった。音楽と美術のコラボレーションは足算ではなく、新しい位相の発現だといつも再確認できる。

しかも、師井さんの作品自体が、日本とフランスの感性の融合と言えるものだった。その工芸的なほどの繊細さ、箔に反射する淡い光の織りなす幻想的な揺らぎなどが際立ち、現在のパリに住んでいながら洋画風でもなくコンテンポラリー・アートでもないだけではなく、ありがちな日本的なルーツに回帰したいわゆる「和と洋」の「共演」や「折衷」というものでもない。互いに何十年もパリにいる私たちの前にようやくはっきりと開けてきた普遍的な世界の共有と探索がそこにあった。音の流れる空間、内蔵が揺れる体、師井さんのひとつひとつの作品の形や色からくり出される「美」、それらがみな同じ「普遍」の光に照らされる。アーティストの最大の挑戦とは、この普遍性に向き合えるかどうかにかかっているとあらためて思った。

さて、二〇一四年に話を戻そう。オペラ仕立てのコンサートの方は、朗詠部分の日本語訳を含めてのナレーションの台本を作って音源と共に槻宅さんに渡し、好きなところに自由に能管でジョイントしてもらいたいとお願いした。オペラは、天災や戦争などに翻弄されるエジプト女王ニテティスの悲劇だが、その中には、能の幽玄美のように、この世とあの世をつなぐという希求が流れている。その見えないもの、聞こえないものをあらわす手段としての音楽をこそ提供したいというのが私たちの模索していたものだった。

その課題に挑戦する場所として浄土真宗の築地本願寺の「蓮華殿」が提供された。当時、

「死後をどう生きるか」という死生観について展開していた私の考え方に共鳴してくれた仏教関係者の仲介によるものだった。あることが生じるためにはその前のことがなくならないといけない「無常」の中で、無限の死と無限の生の連鎖を言葉ではなく体で予感することを多くのアーティストが模索してきた。しかも、「日仏友好音楽文化交流」とされた本願寺でのコンサートには、本願寺派の僧侶で宗教社会学者でもある大村英昭教授が大阪からかけつけてくれて、当時私が出したばかりだったキリスト教社会学の本を推奨までしてくれるという光栄に浴した。教授は「コルモス」(仏教の垣根を越え、キリスト教他のトップ宗教者が「宗教を考える」というテーマで集っている団体)の理事長でもあった。当時も闘病中で、翌年お亡くなりになったことを思うと、死生観を通してアートが結びつけてくれる「ご縁」の深さに感慨を覚える。

オペラは、エジプトが舞台で、祭りの最後にナイル河が叛乱《はんらん》したり、巫女が聖霊を呼び出したりするシーンがある。能管はナイル川氾濫のところで「ヒシギ」というごく短い最高音を吹いたり、巫女の神憑りの音として「神楽」を吹いたりなど、それらの構成を「縁取る」ように入り、「あの世からの閃光」のように作用することでオペラを立体的なものにすることを目指して挿入された。二〇一〇年に続いて、フランス・バロックの本質を深くつかんでいるトラヴェルソ、ヴォイス・フルートの朝倉未来良《みきら》さんもジョイントしてくれた。

ナレーションは白水社『ふらんす』の編集長としてすでに五年以上おつき合いしていた丸山有美さんにお願いした。

おかげで、前年まで思いもよらなかった三八〇年も演奏されなかったミオンのオペラを軸にしたコンサートと日仏の古楽器による共演が、築地本願寺で実現した。終わった後、西洋でも東洋でも近代社会が失ってしまったものが、フランス・バロックと能の対比によって浮き彫りにされた、などの感想もいただいた。バロック時代の精神を生かすことは今の日本だからこそ可能となるかもしれない、文芸や武芸を「道」とする日本文化は、今できていることとこれからでき得ることをつないでいく「道」だとすると、職人の技も今のこちらの姿とあるべきあちらの姿をつないでいく道を求めることで結実したといえるかもしれない、その遺産を異文化との共演の中で生かせるのではないだろうかという意見もあった。

柔らかい繊細な音律と音色の魅力が伝わった、三本のギターのアンサンブル、能管やトラヴェルソやリコーダーとのバランスもよく、何よりもコンサートの求める精神の大きさに感銘を受けたという言葉をもらえたのは嬉しかった。
コンサートの後で外に出た時に見た、ライトアップされた築地本願寺の建物はひときわ美しかったそうだ。

この年のコンサートでは他の出会いもあった。大阪の養護施設のために書いた「音楽童話」を宇部市でも上演した時のことだ。夕方のオペラ・コンサートの前に子供連れの家族を対象にしたものだった。夕方では時間が合わないというので昼の部に来てくれた方が楽屋を訪ねてくれた。山陽小野田市の芸術監督の田村洋さんで、ギター音楽の作曲家だ。フランスのギター曲コンクールのグランプリをラジオ・フランスで受賞した経歴のある方だった。

私たちのバロック曲を聞いた田村さんはアジアの音楽を使ったギター・トリオの曲を作りたいと言ってくれた。それとは別に、宇部での音楽童話コンサートのプログラムをデザインしてくれた方からDVD作成の話も持ち掛けられた。これがきっかけになって、二〇一七年にふたたび師井さんのインスタレーションや絵と共にラモーなどミオンと同時代のフランス・バロック作曲家を中心とした公演が実現することになった。田村さんの「オリエンタル・ダンス」三部作も演奏できた（後述）。

築地の冒険をパリで

二〇一四年の公演から帰って以来、ミオンの神秘的なオペラと能管のジョイントという冒険の楽しさが忘れられなくて、同じことをフランスでもやってみたいと思うようになった。元のテキストがフランス語だからナレーションをしてくれる人は簡単に見つけられるし、私以外の仲間は古楽器によるバロックオーケストラのメンバーでもあるので、バロック・フルート奏者も必要ならば調達できる。日本から槻宅さんにさえ来てもらえれば、何とかなりそうだった。パリではもう何度も、カトリック教会やプロテスタント教会などでコンサートをしていた。けれども、築地本願寺のステージの仏教の雰囲気が忘れられず、ヨーロッパ最大の仏陀像が金色に輝くヴァンセンヌの森の大きなパゴダ（もとは一九三一年の植民地博覧会で建てられたもので、今はフランス仏教者連合が運営を任されて仏教各派のセレモニーに使われている）でのコンサートを考えた。二〇〇九年にはじめてヨーロッパにもたらされた「仏舎利」が奉納されている場所でもある。

仏教者連合関係者とはもともと親しい関係にあるので打診し、二〇一五年の五月末に開かれるヴァンセンヌの森の「仏教フェスティヴァル」の一環として演奏させてもらえることになった。師井さんのインスタレーションも加わる。もちろん築地本願寺とは国もコンセプトも全く違う場所だが、「仏像と共にある空間」で弾くこと自体に、神と王の関係、巫女が聖霊を呼び出したり神のお告げを聞いたりするという話である『ニテティス』の境界宇宙を提示するという共通点が感じられた。コンサートは好意を持って受け入れられた。ディジョンの宗教音楽フェスティヴァルの主催者から能管の槻宅さんへのインタビュー取材があり、能楽は特定の宗教と結びついているわけではないこと、けれども「見えない世界」と「見える世界」の橋渡しをしていることなどを聞いてもらえた。

パゴダでのコンサートを終えた後、中華街のあるパリ一三区の「ノートルダム・ド・シーヌ（中国のノートルダム）」教会というカトリック教会での夜のコンサートに向かった。パゴダとはうってかわって中国風の聖母子像の前で、パゴダと同じく師井さんのインスタレーションを配することができた。祭壇が動かせなかったので座席の方を動かした。パゴダも教会も素晴らしい音響だったが、パゴダの方は扉があけ放されたままだったので後ろにいた人には外の音でナレーションが聞き取りにくかったようなのが残念だった。ナレ

ーターのセシルとは二ヵ月近くテキストの改良も重ねたので流れが分かりやすくなり、事前に私の生徒たちの発表会でも一部公開（能管は抜きだが）するなど、地元で準備する余裕があった。日本公演での日本語でのナレーションは、仲間には意味が分からないのでタイミングを伝える合図が必要だったけれど、パリではフランス語だからストレスは少ない。スペイン語に堪能な槻宅さんも、自然にキャッチできたようで、他の四人がまとまっているのでむしろ楽だったと言う。

いま回想してみると、すべて夢のような出来事だった。日本では、仏教の信徒数最大の浄土真宗本願寺派の築地本願寺、旧仏領インドシナ出身者らを別にすると仏教者が超少数であるフランスでは、ヴァンセンヌの森の巨大パゴダ、さらに、フランス最大のキリスト教宗派のカトリックのうちパリのアジア人によって運営されている教会、という三ヶ所で演奏したことになる。内容は、紀元前六世紀にペルシャのアケメネス王に攻め入られたエジプトの王女の運命を描いた一八世紀フランス・バロックオペラをもとに、同時代のバロック音楽を組み合わせたもので、日本人の私を含めたトリオがスペイン製のクラシックギター（しかも正五度にフレットを調整したもの）を使って、日本人の能管奏者と共に構成した。

この試みが実現した背景には、両国で、過去に広く流布していた語り物や踊りの伝統や感性が、グローバルな「消費財」としての音楽業界が席巻する世界でもいまだに生きている事実がある。だからこそ、人間の身体性に基礎を置く普遍主義の地平では異文化同士が分かり合えるという確信を深めてくれた。

オリエンタルダンス

二〇一七年の四度目の日本公演は、東京は小金井市の双画廊で師井さんの個展「いと僾《あさ》き流れ」にゲストとして参加した「色・音・光 ― 共振するフランス・バロック」と題したコンサートで始まった。その後が、山口県山陽小野田市の中央図書館で、コンサートのプロローグに、宇部市の公演で私たちの演奏を聴いて作曲してくれた田村洋さんのオリエンタルダンス三部作を初演することになった。

最初に提案してもらった時は、正五度ギターでのバロック曲の演奏を的確にキャッチしてもらったとはいえ、一八世紀フランス・バロック音楽のすばらしい世界に特化している私たちのトリオには、作曲が実現してもどう向かい合えばいいのかわからないとの懸念もあった。トリオの第一ギター奏者は、トリオの他に古楽器アンサンブルだけではなく現代音楽のコンサートにも参加しているので乗り気だったが、私は自分のパートがどんなものなのか、そんなものを練習して準備する時間の余裕があるのか心配だった。

しかし、その年の暮れ、日本に一時帰国していた友人が楽譜をもってきてくれたので、さっそく弾いてみると、それは、私たちのアンサンブルの特色を完全に把握されたものでさすがだと感心した。「ドリーム・ツリー」という副題のついている曲ともう一つは、夢幻的でもあり祭礼的でもあり、別世界へのいざない、という雰囲気がフランス・バロック的で、私たちの新しいレパートリー（ラモー八曲）と全く違和感がなかった。全く面識のない同士が、宇部市の「ヒストリア宇部」でたった小一時間を共有しただけで、生の音による「出会い」があり、それが新しいものを生み出していくというのは驚きで、不思議で、わくわくした。

田村さんのオリエンタルダンスの第一楽章は中ほどで、第一声部と第二声部がまったくばらばらになるところがある。これというロジックがないので、ただパタパタ弾くとよく分からないが互いによく聞いてうまくミキシングすると、「質感」が生まれる。この「質感」を狙っているのだとは思うが、支持されているテンポでは実現できない。ゆっくり弾くと「質感」が現れるのだけれど、「ダンス」であるからには踊れないといけない。絵画表現ではだめだ。ちょうどいいテンポを模索しなくてはならない。この質感が二小節単位で変わる短さはラモーに通じる。

いよいよ、山陽小野田でのリハーサルの日が来た。それまで私たちは、いつもこの曲（特に『ドリーム・ツリー』）に癒されていたのでなんとなくヒーリング音楽風に弾いていたのだが、リハーサルで田村さんに指揮してもらい、もっとアグレッシブに、アクセントを強調して弾くべきだと分かった。クラシック・ギターのダンス曲にオリエンタルのものがないので挑戦したということで、確かに私たちの解釈は内省的過ぎ、もっとクリアーに、もっと歯切れよくという田村さんの意図が納得できた。その年は、田村さんが第一九回パリ国際ギターコンクールの作曲部門を受賞してからちょ

うど四〇年目に当たっていた。その頃もう、私や師井さんはパリに住んでいた。人生にはサプライズがたくさんあると実感した。中央図書館では私たちのコンサートに合わせてなんとフランスとフランス文化の展示がされていた。

この年も、トリオの仲間は日本酒製造の蔵で試飲させてもらったり、三味線の「お稽古」を体験したりするなど日本文化を楽しんだ。三味線は日光江戸村で、撥の持ち方と、弾き方と同時に「さくら、さくら、やよいの空は」という部分を、弦の番号と、押さえるフレットの位置を図解したものを見ながら教えてもらう。日本語を通訳しなくても、二人の仲間はメロディを知っているので、すぐに「見わたすかぎり」も続けて弾いてしまったので、「お師匠さん」が目を丸くしていたのも思い出す。

コロナ禍と沖縄

二〇一七年のコンサートの頃、沖縄の教会のオルガニストの方と知り合い、翌年沖縄でお会いした。沖縄の米軍基地問題やこれまで差別されてきた歴史などを前にして、ぜひ何か協力できることはないかと思い、支援のためのコンサートを企画することになった。その結果、基地のすぐそばにある佐喜眞《さきま》美術館で、沖縄戦の図を背にして演奏するというプランが立てられた。もう一ヶ所のコンサート会場になるカトリック真栄原《まえはら》教会は、二〇〇四年にヘリコプターが墜落した沖縄国際大学の近くであり、そばにある嘉数高台《かかずたかだい》公園は普天間基地が一望できるところだということだった。心から平和を願い、美しい音楽の時をともに喜び味わい、祈りに向かうのにふさわしいところだそうだ。

そればかりでなく、琉球古典の演奏者の方と打ち合わせをしてもらえた結果、国立劇場を案内し、劇場内の稽古場を借りて組踊の歴史と実演を披露してくれること、私たちが楽器に触れることができるように五線に変換した譜を用意してくれること、琉球箏《こと》、歌三線《うたさんしん》の他に舞踊家にも声をかけてくれることなどの提案があった。三〇分のプログラムを考えている歌三線の方々はフランスの宮廷音楽に興味があるということだった。

「琉球古典」との出会い、思いもよらなかった可能性の広がりに私たちは喜んだ。長い間の米軍基地との確執やその中での様々な被害、新たな基地の建設への反対、日本政府の欺瞞と戦い続ける沖縄での公演は、平和と安全を求める市民を支援する公演であり、政治的な側面と切り離せないものだったが、トリオの仲間は全面的に賛成してくれた。様々な暴力装置による「威嚇」や「軍事技術の拡大」、「仮想敵の設定」などは私たちの「美学」の根本的なところと全く相容れないので、何の問題もなかった。それだけではない。日本とフランスが過去に戦火を交えたことがない歴史に加えて、日本に原爆を投下した当の米軍が日本を核の傘に囲い込んでいること、沖縄の米軍基地が朝鮮戦争やベトナム戦争の拠点にもなっていたことなども含め、一般にフランス人が米軍に持つ悪印象というベースがあるから、「支援コンサート」の計画は「やる気」を高めてくれた。

すでに日本とフランスの伝統芸術の親和性を確認していたが、それが沖縄ともつながっていけるのかという知的好奇心が高まり、加えて沖縄市民の人権向上のための戦いを非力ながら応援できるなら光栄だった。もちろん金銭的な負担をできるだけかけたくなかったので、費用について模索していたら、大阪にある真宗大谷派瑞興寺の住職が大阪でのコンサートの場所を提供してくれることになった。私の音楽や執筆活動とは直接の関係がない友人たちの善意に支えられたのは感謝の念しかない。「平和」を目指しているところでは善意の絆が確かにつながっていくことを実感した。

私たちは、アンコール曲として琉球音階を反映しているようなポピュラー曲をカバーしてバロック風にアレンジして準備した。すべてはうまくいくように見えた。

ところが、二〇二〇年の初頭、中国発の新型ウイルスのニュースが影を落とし始めた。

中国人観光客がすでにたくさん入国していた日本では不穏な空気が流れていた。四月の予定のコンサートのチラシなどはすでに配布されている。だからその頃もまだ私たちは、「日本の主催者からキャンセルされるのでない限り、私たちから感染を恐れてキャンセルすることはしない」と決めていた。日本の方を心配させないように当時出回っていなかったマスクも用意した。

新聞広告が出せなくなったとしてキャンセルになった場所もひとつあったけれど、カトリック系、仏教系の協力者は実現に向けて対応してくれていた。私たちも前年に沖縄支援と銘打ったパリのコンサートでの寄付などで資金を少しずつ貯めていた。

けれども、そのうちにヨーロッパでもイタリアで感染爆発が起こり、三月には事実上日本とフランスの自由な行き来が不可能になった。演奏会は生身だから、今までも、こちら側の病気や事故で中止にならないようにと注意してきたけれど、今回はまったくの「不可抗力」だった。まさかこんな事態が起きるとは想像もしていなかった。あまりにも対策を考える余地のない政府レベルの通達だったから、ある意味で、「もし思い切って……していたら」などという後悔など想定しようもない。自分たちを含む「関係者」の誰かによる中止判断の妥当性などを探ることも不可能だし、かえってあきらめがついたともいえる。

いや、その時点では、コンサートのキャンセルのショックよりも、フランスが「ウイルスとの戦争だ」などとぶち上げて厳しいロックダウン措置をとったので、まるでSF映画の世界に迷い込んだようだった。つい前の週には弦楽オーケストラに参加し、ルーブル美術館での講演会に出席し、外出規制の出た週末には一ヶ月後に迫った日本公演のプログラムを弾くコンサートも予定されていた。ところがほぼ突然に、コンセルヴァトワールはもちろん学校や店舗も閉鎖され、日本への渡航どころか、自宅を一歩出るだけで時間や行き先を記入してサインした書類が必要になるという戒厳令めいた生活に入り、その落差の衝撃で識別の力も働かせる余裕がなかった。

それに比べると、距離的に中国に近いはずの日本では、感染者、重症者、死亡者も圧倒的に少なく、「ファクターX」は何かという議論が展開されていた。にもかかわらず、ニューヨークで感染爆発が起こったために、何事もアメリカ発メディアに影響される日本も、店を閉めたり外出を減らしたり学校を閉鎖するなどの「要請」が連発された。フランスのような「罰則付き」の強制がないのにもかかわらず、ゴーストタウンのようになった日本の町の様子や、厳しい自主規制や相互監視の実態もネットで見聞した。このような「異常事態」を日本と共有することによって、ある意味で救われた面もある。国民性自体は対極にあるような日本とフランスでは、「コロナ禍」対策やそれに対する反応も真逆なものだったのに、「非常事態」下のショック状態で「お上の通達を律義に守ってしまうという初期反応」は共通していたからだ。

やがて、「ワクチン」が出回り始めてからも、フランスの「ほぼ強制」と日本の「任意接種」には大きな違いがあったのに、フランスの「法」の支配と日本の「空気」による支配はなぜか同調していた。マスクや手指の消毒も似たようなものだったが、「検温」だけはなぜかフランスで広まらなかった。通常体温の個人差、別の原因による発熱、特定の時点での個人情報の取得と公開（通常体温だったかどうかを自動的にアナウンスされるなど）は、「個人差」の大きさを認める社会とはマッチしなかったのだろう。

コンサートはもちろんコンセルヴァトワールや他の文化施設やレストランなども断続的に一様に閉鎖された約一年が過ぎ、二〇二一年の学年末になってようやくコンサートなどが再開し始めた。

コロナ禍

自宅で生徒のピアノレッスンやギターやヴィオラのアンサンブルの練習を続けていた私は、生徒のための発表会をコンセルヴァトワールのホールで二年ぶりに開くことにした。まだいろいろな規制が撤廃されていず、何がどうなるか最後まで分からない状況だったのだけれど、「人前」で弾くことの特別な感じや、「音楽は分かち合った時に、より美しい」、ということを生徒たちに知ってもらいたかったのだ。

その一週間ほど前、六月二一日の夏至音楽祭が二年ぶりに開催された時、ピアノ、フルート、ヴァイオリンとの四重奏にヴィオラで参加したのだが、通常なら町の通りでいろいろな人が演奏する音楽祭も、ぎりぎりまで戸外は全部だめとか戸外でないとだめだとか、規制がころころ変わっていた。結局コンセルヴァトワールのホールでの開催になったが、観客はもちろんマスク着用で、演奏者もほとんどマスクのままという状態だった。ヴィオラを弾く私もマスクを着けたままでと言われ、マスクなしで演奏するフルーティストを横目で見ながら、理不尽さにフラストレーションをためていた。ステージで黙って弾く私がウイルスを振りまくわけがない。出番が終わって観客席でいろいろな演奏を鑑賞したけれど、説明する人もマスクで声がこもってよく聞き取れないし、マスクをつけて演奏する子供たちなどを見るのもなんだか嫌だった。だからこの時点ですでに、次の週に予定している私の生徒の発表会とミニコンサートの時は、ステージではマスクをつけない、と決めた。それで「罰金」が生じるなら私が払うつもりだった。

クラシックダンサーでもある生徒の一人には振り付けもしてガボットを踊ってもらった。その前にその年初めて一度だけ行けたバロックバレエのレッスンで始めたマラン・マレの曲の新しい振り付け譜からヒントをもらったものだった。もちろんマスクはなしだ。

生徒たちの演奏は無事に終わり、ミニコンサートでは、踊りだけではなく、前年に実現するはずだった沖縄公演のために用意していたバロック風アレンジのカバー曲をアンコールで披露してみた。まるでバッハのブランデンブルク協奏曲のような部分もあるそれを聴いた師井公二さんが、十月にパリで開く個展に合わせたコンサートをぜひと提案してくれた。

その画廊は、オリエンタル系の書店と画廊とが一体になっているユニークなところだが水曜の夕方と土曜日の午後しか開いていない。聞けば、経営者のカップル（フランス人と台湾人）の二人は、ユネスコなどにフルタイムで勤務していて、書店と画廊は採算を度外視した文化活動、東西文化の架け橋の意味を持つものだということだった。そのようなスタンスはある意味でとてもフランス的、パリ的なもので、レピュブリック広場に近い界隈らしい雰囲気もある。書店の地下に設けられた演奏場所は、石造りの丸屋根の音響が最高で、「桜吹雪」にインスパイアされた師井さんの連作も展示されている。

コンサートでは前半にミオンの組曲を弾いた後、沖縄風味のバロックカバーの後、やはり複雑でユニークな三種のアレンジを施した日本の子守歌や『赤とんぼ』の編曲を披露した。才能豊かでインスピレーションに富んだ音楽学者が仲間であるのは本当に幸運だ。最後に、二〇一七年の山陽小野田市のコンサートでの初演以来四年ぶりになる田村洋さんの三つのオリエンタルダンスの第二番 Dream trees を弾いた。二〇一七年はラモーの曲などが多く、音楽的にも技術的にもストレスがかかるプログラムだったので、コンサートの始めに弾いた三曲のオリエンタルダンスはある意味で負担だったし、私たちのために作曲してくれた田村さんの期待に応えなければ、というプレッシャーもあった。ところが今回は、コンサートの締めくくりに弾いたこともあり、私たち自身も驚くほど、夢と幻想と驚嘆とほのかな希望と確かな意思とが交錯する名曲だと再発見した。聴きに来てくださった方には日本の方も複数いたのだけれど、在仏日本人の多くがコロナ禍で日本に帰国できていないこともあるせいか、日本の曲を弾き始めたはじめからずっと涙ぐんでいらっしゃる方もいたのが印象的だった。

コンサートには歌手を含む複数の台湾人がいて、とても気に入ってもらえ、ぜひ一緒に歌いたいと言われた。私たちは、前年春に中止になった沖縄公演が可能になれば台湾にも行ってみたいと思うようになった。沖縄も台湾も、地政学上、共通の軍事リスクを抱えている場所だから、平和を願う音楽を届けたいという私たちの思いがより強くなったからだ。しかも、私たちのトリオが二〇二〇年の沖縄公演を予定していた同時期に、予定されていた中国の習近平国家主席の訪日がコロナ禍で延期キャンセルされたという因縁もあった。それ以来の「コロナ鎖国」の間に、日米同盟が「地域安定枠組み」から「対中同盟」へと変質し、日本政府は台湾問題に積極的に関与して南西諸島のミサイル基地化を強化するという悪化の一途をたどっている。日本とフランスで私たちがこれまで続けてきた共感の流れを沖縄だけではなく台湾にも届けたいという思いは強まった。

同じ年の暮れ、パリ国際大学都市日本館で、在仏日本人会主催の講演会に招かれた。日本人会は定期的に講演会の企画をしていたが、コロナ禍で日本との交流がほぼストップした中で、少しずつ活動が再開されていたのだ。日本との行き来が普通にあった時期に慣れていた人々が私も含めて、まさかの日仏間の鎖国状態にまいっていたころだ。家庭や仕事の都合上、様々なハードルを越えて日本に行く人もいたけれど、出入国審査の複雑さ、隔離期間の長さなどの前に、ほとんどの人はあきらめざるを得なかった。しかも終りが見えなかった。フランスが入国要件を緩和しているのに、東京オリンピックを強行した後の日本ではむしろ厳しくなっていた時期だ。

講演会の出席者のほとんどはフランス生活歴が長く、半世紀前から暮らしている人もいる。日本とフランスの距離があらゆる意味（飛行時間、ビザ、費用、コミュニケーション）で遠かった時代から、ファックスやインターネット、各種通信方法、直行便など、日本との距離が格段に縮まった時代を経たところで、突然、生身の移動が不可能になった。しかも、在仏歴が長い人ほど「高齢者」だから、コロナ禍で煽られる恐怖によって、閉じこもる傾向が強まっていた。くわえて、フランス長期滞在者にはもともとアーティストやその関係者が多いから「自由」が呼吸できない閉塞感によるダメージが大きい。講演のテーマは「アフターコロナの死生観」として、在仏日本人はバイカルチャーに生きる立場であるからこそ身に付けた適応力があるはずだと励ましたかった。

当時はフランスでもまだ閉鎖空間のマスク着用が義務づけられたままだったから、話す私の側からは出席者の表情が分からずとまどった。演奏している時は聴衆の顔を見ているわけではないからあまり影響はないが、自分の話していることへのリアクションがつかめないのは不安だった。

講演会の後で関係者十数人と打ち上げにイタリアレストランに行く予定を知らされた時も、「少人数で適切距離をとり、マスク会食、黙食」などと日本では言われていることを知っていたから少し不安だった。その頃はもう、フランスでの音楽仲間との会食などでは普通に楽しくやっていたからだ。結局、心配は杞憂だった。全員がマスクもなくリラックスして料理を分け合い、おしゃべりしながら食事できた。同じレストランの他のフランス人と全く変わらない。この頃はまだフランス人でも新型コロナ感染を極端に恐れる人もいたけれど、そういう人はそもそもレストランで食事しないので、こうやって集まって食べるような人はみな陽気で楽しそうだ。高齢者が多そうな私たちの席も和気藹々としていて、「日本人だから黙食」などと考えるわけではなくその場の雰囲気に溶け込むのだなあと思った。だからこそ、日本にいれば日本のコロナ禍の空気を読んで自主規制してしまうのだろう。

会場だった日本館のホールには藤田嗣治の大作「欧人日本へ渡来の図」があり、知人だったが今は亡くなった彫刻家の作品も置かれていた。音響もよかったので、コロナ禍のマスク着用の規制などが撤廃された後で、師井さんのインスタレーションとジョイントしてコンサートができないかと思うようになった。『日本とフランス－主題と変奏』というタイトルで、日本の曲のアレンジの他に、今度は田村さんのオリエンタルダンスも全曲弾くことにした。久しぶりに楽譜を前にして練習する度に、どの曲も新しい魅力をもって現れた。まるでコロナ禍の「鎖国」状態の間に何かが熟したかのように、日本とフランスの境界が自然になくなるような世界が広がった。

シューベルティアードについて

私たちトリオの音楽による日本とのコラボレーションのきっかけとなったのは、パリの非営利文化協会であるシューベルティアードの存在だった。発端は、一九九〇年代初めに日本の知人がパリに八〇平米ほどのアパルトマンを購入したことだった。パリに住むアーティスト夫妻が、滞在許可証申請のために住居証明を必要としていたので彼らを紹介した。その後、関西でバレエ教室とバレエ団を主催している別の友人がそのアパルトマンを借りてくれることになった。フランスに留学しているバレエの生徒やフランスに来てオペラ座バレエなどを鑑賞する生徒などがパリで気軽に泊まるところがあればいいし、短期貸しで光熱費などがまかなえるなら、空いている時に演奏会や展覧会なども自由にどうぞという提案だった。それを運営するために正式なアソシエーションを立ち上げることになった。アソシエーションの名の「シューベルティアード」は友人のロートレックがつけてくれた。ウィーンのカフェでシューベルトを中心に、貧しい音楽家、画家、作家などが集まって芸術について語り合っていたグループが自然に呼ばれるようになった名前だ。費用を気にせずに誰でも集まることができる。

私はそれまでも、パリに来る日本のアーティストたちからいろいろな相談を受けたり、できることで助けたりもしてきた。でも日本人は律義だからその度に、お礼やお返しで気を使わせてしまう。私個人でなくてアソシエーションがお手伝いしているという形にすれば気を使わないですむだろう。パリ市に正式に申請して登録したが、最低限、会長と会計係がいればいいので、会計として名を貸してくれる人と共に、誰からも会費を取らず会員を求めない協会が誕生した。私の個人レッスンの生徒たちは、レッスン料を協会への寄付としてシューベルティアードの口座に払う。それで貯まったお金で発表会後のパーティや、希望するアーティストの個展やグループ展やコンサートなどができるようになった。

全て口コミの世界だったけれど、日本人だけでなく、アメリカ人画家、ロシア人ヴァイオリニスト、フランス人の若い彫刻家、リュート奏者、歌手、セラミック作家、ステンドグラス作家など、多くの人がアパルトマンを利用した。その中で他のアート系アソシエーションとの交流や連携もできて、シューベルティアード主催の個展で観た作品を気に入って別のところにも招聘してくれた関係者のおかげでプロとして独立できた人もいる。ある時、個展の相談に来た若い日本人女性アーティストが、付き添ってきた年上の女性を通していろいろな質問をしてきた。後で聞くと、「参加費が無料でチラシもオープニングパーティもすべて提供してくれるなどという条件は普通はあり得ないので、背後に何かのカルト団体が潜んでいるのではないかと疑ったので同行してもらった」ということだった。

アパルトマン内の小規模な展覧会だったけれど、手に届く作品は記念として協会が買い上げることもあった。オーナー夫妻の主催で日本の工芸品の展示会を開いたときは、とても手の届かない高価な漆塗りのお盆を記念に贈呈してもらったこともある。どの個展にも、音楽仲間がかけつけてくれてミニコンサートを開いたりした。ある時、日本人ヴィオラ・ダ・ガンバの奏者による演奏会の後で私たちも少し弾いた時にちょうどいあわせてくれた方が笹川日仏文化財団の会長で、そのご縁で私たちの最初の日本コンサートが実現した。

別のコンサートで知り合ったバロック時代の自動楽器コレクターを通じてフランス・バロック音楽の楽理論の第一人者であるマルセル・ブノワ女史に出会ってトリオの演奏に高評価をもらえたし、コレクターの依頼で書いた『からくり人形の夢』（岩波書店）はヴェルサイユのバロック音楽研究所に収められている。

出会いは出会いを生み、日本人がパリで運営するアーティストのためのサロンという「場」は自由と共感と善意とが浸透し増幅する場所になった。サロン・コンサートの「客」として知り合った男女がその後で交際をはじめて結婚するという展開があったのもいい思い出だ。

無償の普遍主義を求めて

シューベルティアードより前にギタリストのルイ・ロートレックと共に始めたアンサンブル・フランシリアンというＮＰＯとの交流も含めて、活動範囲は広がり、後ろ盾のないアーティストに「名前を貸す」という手伝いもできた。逆に、財団や市役所など別の団体から支援や招待、提案などを受ける時にも、個人ではなくシューベルティアードという名前で対応できることで、持続的な信頼関係の構築に役立った。

やがて日本在住のオーナー夫妻がパリのアパルトマンを手放すことになった。その後の何年かはパリの別のアパルトマンで活動を続けたが、それも数年前に不可能になった。同時に、すでにインターネットの普及によって、いろいろなグループが自由にネットワークを作ることができる時代になっていたので、フリーのアーティストが作品を発信する場や方法が飛躍的に増えたし多様になった。個人のアパルトマンを無償で提供するメリットも必要もほぼなくなっていたのだ。必要とされた時に必要な場所にいたというシューベルティアードの役割は終わったと言えるだろう。活動の中で今でも続いているのは、私が自宅で続ける生徒の個人レッスンであり、その寄付から得られる資金は、類似のアソシエーションの援助をしたり、楽器を買ったり日本公演への旅費の一部を負担したりなどの役に立てている。

シューベルティアードがこういう形で国際的な文化交流の役に立ち、日本とフランスの交流にも役立ってこれたことは、やはりフランスという国における「文化活動」への優遇と自由な雰囲気があってのものだろう。私が最初にNPOの申請をして実際の活動について説明した時、ささやかなものなのに、役所の窓口の人から「素晴らしい、これが本当の非営利活動です」と称賛されたことを思い出す。

一方で、このささやかなアソシエーションからの何か具体的な援助や貢献を期待して近づいてきたアーティストたちは、失望して去っていった。私たちのトリオに関しても、出演料が発生する時のために別のNPOを作って口座を開いたものの、今は銀行そのものの経費が高くて意味をなさず、休眠させざるを得ない状況などを経験した。私にも私たちにも「有能なマネージャー」やエージェントというものがいないからだが、同時に、私たちは、フランス・バロックの美学の一番根底にあるものが「無償性」だということへの確信を深めていった。「恵み」grâce というフランス語と「優美」gracieux というフランス語は同根で、そのまま「無償」gratuité につながっている。これはフランスの普遍主義にも共通するもので、質や量や出自や経年などによって価値を分ける文化でなく、すべては、原初にある「無償の授与」の恩恵を受けているしそれを継承していくという感覚だ。

フランス・バロック文化が花開いたのはルイ一四世の治世のうち、戦争がなかった九年間という当時としては例外的な平和の期間のおかげだった。フランス革命はその文化を破壊して、スローガンとしての自由・平等・博愛を残したものの、それだけでは普遍主義における「恵み」の追求など到底不可能な戦乱の時代が続いた。ナポレオンが敗退してルイ一八世の王政復古とその後を継いだシャルル十世は、当然フランス革命を否認し、フランスの傷を癒すことはなかった。幸い、一八三〇年の七月革命で「フランス王」ではなく「フランス人の王」となったルイ・フィリップと、一八三二年に公教育大臣に任命された歴史家のギゾーが、このままではフランスが分断したままになると懸念した。歴史に基づく文化によってのみ「無償の普遍主義」を取り戻せると理解して政策を練った。記念すべき最初の決定は、一八三三年、九月一日にヴェルサイユ宮殿を「フランスの全ての栄光に捧げる」歴史ミュージアムにするというものだった。南翼廊の二階に一二〇メートルに及ぶ「戦いのギャラリー」が設けられ、歴代王家と帝政時代のコレクションだけでなくドラクロワやドゥヴェリアなど同時代画家に発注して、四九六年のクローヴィスによるトルビアックの戦いから一八〇九年のナポレオンによるワグラムの戦いに至るまで一五世紀にまたがる勝利を描いた大作を並べた。

それだけではなく、歴史上の人物の彫像をフランス中に建造した。戦いのギャラリーはもちろん、リュクサンブール公園中央の噴水の周りにはフランスが感謝すべき二十人の女性像を配した。クローヴィスの妻クロティルド、ウィリアム征服王の妻マティルド、スコットランド女王でフランソワ一世の王妃マリー・スチュアートといった王妃たち、パリの守護聖女ジュヌヴィエーヴ、フランソワ一世の姉でアンリ四世の母となったアングレームのマルグリット、ルイ一四世の従姉の自由人マドモワゼル・ド・モンパンシエなどの影像だ。ルイ・フィリップとギゾーは、フランス革命による断絶を乗り越えたフランスの歴史のアイデンティティをもう一度紡ぎだしたわけだ。

後にナポレオン三世の第二帝政を経た第三共和国がフランス革命の理念をあらためて掲げてからも、フランスの歴史と文化の継承という教育は続いた。「自由・平等・博愛」の理念が各時代の権力者の変遷にかかわらず、超越的で普遍的な「真・善・美」の希求につながってきたという物語をフランスに根付かせることに成功したと言えるだろう。それは、歴史上の人物を後世の物差しで測って弾劾するキャンセル・カルチャーとは対極にあるものだ。多様性をばらばらに許容して各共同体のパワーゲームに落とし込む世界でもない。だからこそ、アングロサクソン型の共同体主義と、さまざまな価値の数値化が席巻する「欧米型」社会の中で、フランスは今もなお、「無償性」の「恵み」の空気をかろうじて支え持ちこたえている。国の違いを超えて多くのアーティストの交流が存在し続けるのは、彼らがその空気を敏感にかぎ取り反応するからなのだろう。

アーティストだけではない。近代以降、日本では、医学や哲学をはじめとして、音楽や美学の研究のためにドイツ語を学ぶ人が多かったし、政治や経済などの実用的な知識を求めて英語圏に留学して英語を学ぶ人が多かった。けれどもそこにはいつも、超えられない感受性の違いが存在していた。ゲルマン文化のロマン派的感覚を血肉《けつにく》とするのは困難だったし、政治やビジネスの世界を英語で対等に渡り合うハードルも高かった。一方で、フランス語を学ぼうとしたりフランスに留学したりする人は、フランス文化の中に、それらの差異性を統合するような何かがあることを直感的に理解していたような気がする。

対外関係だけではない。近代日本は、革命後のフランスと同じように、様々な思想的な課題と直面していた。復古か維新か、尊王か攘夷か、鎖国か開国か、果ては、「西洋」に倣って自らアジアを侵略すべきか、西洋の帝国主義からアジアを解放する戦争に向かうべきなのかという矛盾まで、「近代の超克」という難問を前にして「軍事力と経済力の増大」を優先する選択を迫られ続けた。その流れの中で、フランス語やフランス文学、美術に惹かれた人々は、フランスの選択した「文化による近代の超克」の形に反応したと言えるだろう。

非西洋世界にとっては、「欧米スタンダード」に対抗するために、歴史の確執の中で歪められたナショナリズムに埋没する以外の「普遍的なヒューマニズム」という別の可能性をフランスは提供してくれる。

文化も歴史も西洋キリスト教文化圏と無縁だった国々が、今「欧米スタンダード」に過剰適応して精神性を失っていくケースは少なくない。逆に「欧米スタンダード」に反目して権威的な民族主義に向かう場合もある。「欧米スタンダード」の中で微妙な差別を受けながら、気がつけば自国の文化や歴史を自分たちの言葉で語るすべを失うこともある。

出自や性別などに縛られない「自由な人間」としてフランスで生きていくことを知った日本人の一人として、普遍主義を手放さないことの大切さを今、多くの同胞に伝えたい。

欧米
スタンダード
フランス・
普遍
主義
非西洋
世界

おわりに

二一世紀の四半分が過ぎようとしている。二〇世紀の最後の四半世紀を通してずっと観察してきたフランスの社会やフランス人の生活様式も、二一世紀に入ってずいぶんと変わった。その流れの中で、「音楽という普遍言語」や「超越性を希求する心」を共有する多くの友人や先達に恵まれ、変わることなく支えられてきた。ささやかながら書き続けてきた比較文化の著書に共感して応援してくれる読者や編集者にも恵まれる幸運を得た。

そのおかげで、日本とフランスという二つの国を単に行き来するのでもなく、違いを看過するのでもなく、単純に憧れや反発を抱くのでもなく、二つの国の深いところにある流れの親和性を感受することができたと思う。

それはフランス共和国の標語のひとつでもある博愛（きょうだい愛）を支えるヒューマニティ、人であることの普遍性につながるものだと分かってきた。それぞれの地政学的立場や歴史や伝統とは別のところで相通じ合う日本とフランスの関係を通して、時代も国も違い、時も空間も超えたすべての人々と結び合えることが可能だと実感できるようになった。

この本は、良くも悪くも「ガラパゴス」文化などと言われてきた島国日本がどのように「普遍」とつき合って、世界の平和に貢献していけるのかと自問してきた筆者の思考と実践の足跡をたどったものだ。

フランス・バロック音楽やバレエの仲間はもちろん多くのフランス人の理解者や協力者にも感謝の想いは尽きない。

日本とフランスの交流を可能にしてくれたり、分け合ってくれたりしたたくさんの方々にもお礼を申し上げます。

故・ヨネヤマママコさん、中村暁さん、大村英昭先生をはじめとして、この本に登場していただいた方々(順不同、敬称略)宇高道成、槻宅聡、丸山有美、朝倉未来良、師井公二、田村洋ら各氏、お名前を挙げなかった多くの先達や同志のみなさん、ほんとうにありがとうございました。ご自身も日仏文化を生きるじゃんぽ~る西さんがイラストを担当してくださったことも幸運でありがたいことでした。

最後に、生活エッセイと比較文化論が交差することで世に出すことがたやすくはなかったこの本を引き受けてくれた出版社、編集者の方々に深い感謝を申し上げます。

二〇二五年三月

竹下節子

■著者プロフィール

竹下節子（たけした　せつこ）

比較文化史家・バロック音楽奏者。東京大学大学院比較文学比較文化専攻修士課程修了。同博士課程、パリ大学比較文学博士課程を経て、高等研究所でカトリック史、エゾテリスム史を修める。著書に『バロック音楽はなぜ癒すのか』（音楽之友社）、『陰謀論にダマされるな！』（ベスト新書）、『大人のためのスピリチュアル「超」入門』（中央公論新社）、『フリーメイスン　もうひとつの近代史』（講談社）、共著に『コンスピリチュアリティ入門　スピリチュアルな人は陰謀論を信じやすいか』（創元社）など多数。

■画家プロフィール

じゃんぽ〜る西（じゃんぽーる にし）

漫画家。著書『パリ愛してるぜ～』（だいわ文庫）、『パリが呼んでいる』『かかってこいパリ』（以上、飛鳥新社）、『モンプチ 嫁はフランス人』『私はカレン、日本に恋したフランス人』『おとうさん、いっしょに遊ぼ』（以上、祥伝社）、『フランス語っぽい日々』（白水社、カリン西村との共著）ほか多数。

トリコロールと日《ひ》の丸《まる》

「親日《しんにち》」フランスの謎《なぞ》を解《と》く

発行日　2025年　3月18日　第1版第1刷

著　者　竹下《たけした》　節子《せつこ》
　画　じゃんぽ〜る西《にし》

発行者　斉藤　和邦
発行所　株式会社　秀和システム
〒135-0016
東京都江東区東陽2-4-2　新宮ビル2F
Tel 03-6264-3105（販売）Fax 03-6264-3094
印刷所　三松堂印刷株式会社　Printed in Japan

ISBN978-4-7980-7441-2 C0095